Erfolgreich als Quereinsteiger

Stefan Rippler • Branko Woischwill

Erfolgreich als Quereinsteiger

 Springer Gabler

Stefan Rippler
Hamburg
Deutschland

Branko Woischwill
Berlin
Deutschland

ISBN 978-3-658-00868-0 ISBN 978-3-658-00869-7 (eBook)
DOI 10.1007/978-3-658-00869-7

Die Deutsche Nationalbibliothek verzeichnet diese Publikation in der Deutschen National-
bibliografie; detaillierte bibliografische Daten sind im Internet über http://dnb.d-nb.de
abrufbar.

Springer Gabler
© Springer Fachmedien Wiesbaden 2014

Gedruckt auf säurefreiem und chlorfrei gebleichtem Papier

Springer Gabler ist eine Marke von Springer DE. Springer DE ist Teil der Fachverlagsgruppe
Springer Science+Business Media
www.springer-gabler.de

Vorwort

Erfolgreich als Quereinsteiger

Erinnern Sie sich an Ihre Schulzeit? Den Sportunterricht und die Mitschüler, die damals immer als letzte in ein Team gewählt wurden? Weil sie dick waren? Oder unsportliche Streber? Oder einfach nur Außenseiter? Genau so haben Firmen lange Zeit Quereinsteiger behandelt: als Notnagel, als letzte Möglichkeit, wenn kein passender Bewerber mit „klassischem" Lebenslauf gefunden werden konnte und eine Stelle unbedingt zeitnah besetzt werden musste.

Das ist heute anders. Der Streber von damals ist immer noch einer, aber kein Notnagel mehr – vielmehr eine Chance. Eine Chance auf Stärken, die vielleicht neue, besondere Entwicklungen vorantreiben, weil sie sonst keiner im Unternehmen hat. Aber nicht nur, um Innovationen zu fördern sind Lebensläufe mit Ecken und Kanten hilfreich. Ein anderer Blick hilft auch, pragmatischer oder kreativer an Herausforderungen heranzugehen. Hinzu kommt, dass sich der Markt gedreht hat: Die niedrige Geburtenrate, kombiniert mit der zunehmenden Lebenserwartung, lässt junge High Potentials seltener werden. Quereinsteiger können also eine wichtige Antwort auf den so oft beklagten Fachkräftemangel sein. Also von wegen Außenseiter bleibt Außenseiter – aus ihnen können Sport-Asse werden, die in jedes Team gewählt werden.

Also: Wie können Personaler überzeugt werden? Wie macht man dem Sport-Ass klar, dass auch ein Außenseiter ein passender Kandidat sein kann? Oder vielleicht sogar der passendere? Wie kann die Orientierung auf dem Arbeitsmarkt funktionieren? Wie können Quereinsteiger Karriere machen? Wie rüstet man sich gegen Nachwuchs-Sport-Asse mit geradlinigem Lebenslauf, die es ja auch noch gibt und mit einem um die Gunst des Arbeitgebers kämpfen? Dieser umfassende Ratgeber verrät, wie der Quereinstieg zum Erfolg wird.

Viel Spaß beim Lesen und viel Erfolg bei der Wahl ins Gewinner-Team!

Hamburg und Berlin, im März 2014
Stefan Rippler
Branko Woischwill

V

Inhaltsverzeichnis

Quereinstieg als Chance: Arbeitsmarktsituation und Bedarfsanalyse

1

Zusammenfassung

Valide Arbeitsmarktdaten belegen: Es gibt sehr gute Chancen für berufliche Quereinsteiger. Eine Bedarfsanalyse auf Basis von Studienergebnissen und die aktuellen Arbeitsmarktzahlen zeigen, warum die Karriere-Chancen für Berufseinsteiger noch nie so gut wie heute waren – und warum sie in Zukunft noch besser werden.

Quer- oder Seiteneinsteiger hört sich erst einmal nicht nach einer Erfolg versprechenden Karriere an; eher nach einem Außenseiter, der die gut ausgebaute Autobahn verlässt und sich auf einem Feldweg eine Abkürzung sucht, um sich irgendwo dazwischen zu drängeln. Quereinsteiger haben die wenigsten Menschen auf dem Schirm. Auf einmal sind sie da und überholen diejenigen rechts, die sich in der „Karriereautobahn" brav eingereiht haben und auf ihre Beförderung warten. So war das früher: Quereinsteiger waren ausgefallene Persönlichkeiten, die etwas „Unerhörtes" geschafft haben. Schillernde Beispiele gab es viele: Arnold Schwarzenegger, der vom Bodybuilder zum Schauspieler und schließlich zum erfolgreichen Politiker geworden ist. Oder der „Fußballkaiser" Franz Beckenbauer, der „keine Lust hatte, Versicherungskaufmann zu werden und aus der Allianz ausbrach, um seine Freiheit und Selbstverwirklichung im Fußball zu finden", wie er es gegenüber der Süddeutschen Zeitung schilderte[1]. Oder Joschka Fischer, der es ganz ohne Berufsausbildung zum Außenminister gebracht hatte. Gerade in den nicht geschützten Berufen wie Schauspieler, Journalist, Politiker oder Künstler waren viele Quereinsteiger anzutreffen. Aber die Zeiten haben sich geändert: Andere Berufsgruppen haben sich Quereinsteigern geöffnet.

---

[1] http://sz-magazin.sueddeutsche.de/texte/anzeigen/33967.

S. Rippler, B. Woischwill, *Erfolgreich als Quereinsteiger*,
DOI 10.1007/978-3-658-00869-7_1, © Springer Fachmedien Wiesbaden 2014

1

So sonnig wie aktuell waren die Aussichten für Quereinsteiger auf dem deutschen Arbeitsmarkt noch nie. Erste Sonnenstrahlen drängten sich in den 1960er und 1970er Jahren zwischen die dunklen Wolken am Arbeitsmarkt für Quereinsteiger: In dieser Zeit begannen Beratungsfirmen, neben Wirtschaftswissenschaftlern auch Absolventen anderer Fachrichtungen einzusetzen. „Heiter bis wolkig" war es für Quereinsteiger zu dieser Zeit schon in der IT, die sich immer mehr zur Boom-Branche entwickelte – hauptsächlich getrieben von Autodidakten.

Mittlerweile sind in einigen Unternehmensberatungen Quereinsteiger sogar in der Überzahl. Bei McKinsey hat die Hälfte der Mitarbeiter keinen wirtschaftswissenschaftlichen Hintergrund – und das ist bewusste Strategie mit dem Ziel, die Vielfalt in den Teams zu erhöhen. Bei der Boston Consulting Group ist das Bild ähnlich: Insbesondere Naturwissenschaftler sind dort neben Ökonomen herzlich willkommen. Physiker etwa lernen in komplexen Modellen zu denken. Das hilft, denn wirtschaftliche Fragestellungen können ähnlich komplex sein. Leichter als Wirtschaftswissenschaftler haben sie es beim Einstieg dennoch nicht. Sehr gute Abschlüsse und Auslandserfahrung sind Pflicht – eine schnelle Aneignung von ökonomischem Wissen wird vorausgesetzt. Das macht die Einarbeitungsphase für Quereinsteiger deutlich härter. Viele Beratungsunternehmen bieten deshalb die Möglichkeit, sich mit einem MBA-Programm weiterzuentwickeln, oder veranstalten Workshops und Seminarreihen.

Aber nicht nur Naturwissenschaftler haben gute Chancen auf einen Quereinstieg: Eine Umfrage des Instituts der deutschen Wirtschaft unter großen Unternehmen ergab, dass viele Unternehmen Geisteswissenschaftlern gegenüber aufgeschlossener geworden sind. Wer etwas anderes als Betriebs- oder Volkswirtschaft studiert hat, hat im Studium oft Methoden, Arbeits- und Denkweisen oder Kulturen kennengelernt, die im Berufsleben wertvoll sind – etwa interkulturelle Kompetenz: Die Umfrage zeigt, dass rund ein Drittel bis knapp die Hälfte der befragten Unternehmen den interkulturellen Beitrag von Geisteswissenschaftlern als relevant für den Erfolg ihres Unternehmens einschätzen. Wer also kompetent bzw. auf Augenhöhe mit asiatischen Geschäftspartnern verhandeln könnte, der erwähnt das spätestens im Vorstellungsgespräch – am besten aber schon im Bewerbungsanschreiben. Firmen, die bereits Geisteswissenschaftler im Team haben, bewerten deren Beiträge zum Erfolg wesentlich höher als Unternehmen, die keine beschäftigen.

Unternehmensberatungen sind also nicht der einzige Branchenzweig, der gute Chancen für Quereinsteiger verspricht. Das bestätigt auch eine Studie des Instituts für Arbeitsmarkt- und Berufsforschung: Höher qualifizierte Berufswechsler profitieren vom drohenden Akademikermangel. Vor allem Absolventen der Geistes- und Sozialwissenschaften dürften künftig bessere Chancen auf dem Arbeitsmarkt bekommen – zum Beispiel in Personalabteilungen oder im Marketing. In Zeiten der Personalnot winken sogar reglementierte Berufe, wie etwa der des Lehrers, mit Stellen für Quereinsteiger: Wenn nicht genügend Bewerber mit erstem und zweitem Staatsexamen vorhanden sind, um den aktuellen Bedarf an Lehrkräften zu decken, können sich regelmäßig Seiteneinsteiger melden – und haben auch ohne Referendariat und pädagogische Ausbildung die Chance, Schüler zu unterrichten, vor allem in chronisch unterbesetzten Fachgebieten wie Physik und Chemie.

Der Fach- und Führungskräftemangel ist also in nahezu allen Branchen präsent – kein Wunder bei der schrumpfenden Bevölkerungszahl aufgrund niedriger Geburtenraten und steigender Lebenserwartung: Glauben wir den Hochrechnungen des Statistischen Bundesamtes, werden 2050 rund sieben Millionen Menschen weniger in Deutschland leben und jeder dritte Deutsche wird älter als 65 Jahre alt sein.

Was vor vielen Jahren noch undenkbar gewesen wäre, ist daher heute kein Tabu mehr: Stellenanzeigen, die Quereinsteiger direkt ansprechen. Die Personalberatung „personal total" hat 102 Printmedien sowie 20 Online-Stellenbörsen untersucht und festgestellt, dass die Anzahl an Stellenanzeigen, die explizit Quereinsteiger ansprechen, im Vergleich zum letzten Quartal des vergangenen Jahres (2011) um 33 % gestiegen ist. Rund 3.900 Unternehmen hätten insgesamt 13.400 Stellenanzeigen geschaltet, in denen sie auch Seiteneinsteiger zur Bewerbung aufforderten.

Dabei zeigten sich teilweise große Unterschiede zwischen verschiedenen Branchen. Vor allem im Vertrieb und im Verkauf stehen die Chancen für Quereinsteiger derzeit gut. Mit 5.100 geschalteten Anzeigen im ersten Quartal 2012 entfielen rund 38 % der Inserate, die sich auch an Fachfremde richteten, auf diesen Bereich. Dahinter folgten die IT-Branche, die Telekommunikation sowie technische Berufe.

Insgesamt sind Stellenanzeigen für Quereinsteiger jedoch immer noch eine Seltenheit. Auf das gesamte Jahr 2011 bezogen haben lediglich 2,6 % der betrachteten Unternehmen diese Gruppe direkt angesprochen.

▶ Dass Quereinsteiger immer mehr gebraucht werden, war Stein des Anstoßes für eine Jobbörse der anderen Art: talentfrogs.de. Diese Plattform vermittelt „Talente, und keine Lebensläufe". Das Konzept stammt aus Neuseeland und stellt die gesuchten beziehungsweise angebotenen Kompetenzen in den Fokus der Personalvermittlung. Bewerber können Jobs nach einem oder mehreren von insgesamt 20 geforderten Talenten wie etwa „Analysefähigkeit" oder „Führungsstärke" filtern. Klassische Suchkriterien wie Region oder Branche stehen ebenfalls zur Verfügung. Damit haben Quereinsteiger die erste eigens für sie geschaffene Jobbörse im Internet.

So sonnig die Jobaussichten für Quereinsteiger gerade auch sind, einer Tatsache müssen Seiteneinsteiger immer ins Auge schauen: Personen ohne Berufsabschluss tragen am Arbeitsmarkt nach wie vor das größte Arbeitslosigkeitsrisiko. Während jeder Fünfte ohne Abschluss arbeitslos ist, sind dies nicht einmal drei von hundert Akademikern. Mit steigender Qualifikation verbessern sich für den Einzelnen die Chancen auf dem Arbeitsmarkt – und dies nahezu unabhängig vom Geschlecht. Im Wesentlichen heißt das: Je besser die eigene Qualifikation, desto besser der Schutz vor Arbeitslosigkeit. Übrigens: Nahezu jede Qualifikation kann nachgeholt werden: Vom Schulabschluss über das Studium bis hin zu einer Ausbildung …

Key Learnings

- So sonnig wie aktuell waren die Aussichten für Quereinsteiger auf dem deutschen Arbeitsmarkt noch nie.
- Vor allem Absolventen der Geistes- und Sozialwissenschaften dürften künftig bessere Chancen auf dem Arbeitsmarkt bekommen – zum Beispiel in Personalabteilungen oder im Marketing.
- Aber auch Naturwissenschaftler eröffnen sich neue Türen: etwa in der IT oder in Unternehmensberatungen.
- Der Fach- und Führungskräftemangel ist in nahezu allen Branchen präsent: In Zeiten der Personalnot winken sogar reglementierte Berufe, wie etwa der des Lehrers, mit Stellen für Quereinsteiger.
- Höher qualifizierte Berufswechsler profitieren vom drohenden Akademikermangel.

Die besten Branchen und Jobs für Quereinsteiger

Zusammenfassung

Schauen wir zunächst einmal auf die Erfolgsaussichten für Quereinsteiger – unabhängig von Branche und Beruf: Seiteneinsteiger haben prinzipiell immer da gute Chancen, wo Generalisten eingesetzt werden, wie z. B. im Marketing und Projektmanagement sowie im PR-, HR- oder Assistenz-Bereich.

Dass Unternehmensberatungen auch Natur- und Geisteswissenschaftler einstellen und Sozial- und Geisteswissenschaftler gute Chancen im Bereich Marketing und Personal haben, zeigten die bereits genannten Studienergebnisse.

Bringt ein Kandidat neben einem sehr guten Allgemeinwissen und Referenzen aus den bisherigen Jobs (und seien es „nur" Praktika) bzw. guten Noten/Abschlüssen, einem gesunden Maß an Selbstorganisation, Methodenkompetenz oder relevanten Hobbys auch noch die nötige Lust auf den neuen Job mit, kann nicht mehr viel schiefgehen. Best-Practice-Beispiele gibt es dazu heute fast schon wie Sand am Meer: Sei es der studierte Politikwissenschaftler, der der Berufung seines Schreib-Hobbys gefolgt ist und jetzt erfolgreicher Journalist ist oder der BWL-Studienabbrecher mit gutem Schulabschluss, der in seiner Freizeit ehrenamtlich für die Kirchengemeinde engagiert war und jetzt im Marketing einer Nicht-Regierungsorganisation arbeitet. Was diese Fälle zeigen: Grundsätzlich haben fachfremde Bewerber vergleichsweise gute Karten in Branchen, in denen ähnliche Kenntnisse gefragt sind wie die, die sie schon vorzuweisen haben. So muss jemand, der sich einen neuen Arbeitsplatz in einem neuen Berufsfeld sucht, nicht ganz von vorne anfangen, weil er bereits einige erprobte Fähigkeiten mitbringt, egal woher – vom bisherigen Arbeitsplatz, von privaten Hobbys, aus dem Studium, aus der Ausbildung, oder – oder – oder.

Es ist also nicht unmöglich, den Job zu wechseln, wenn die formalen Voraussetzungen des neuen Traumjobs nicht erfüllt werden. Es ist nur ungleich schwerer,

---

etwa vom Diplomphysiker zum Physiklehrer oder vom Gemüsehändler zum Energieberater zu werden. In beiden Beispielen ist ein sofortiger Wechsel nur schwer denkbar.

Im Fall des Lehrerberufs ist ein Hochschulabschluss im jeweiligen Unterrichtsfach nötig (derzeit hauptsächlich in den Fächern Mathematik, Informatik, Naturwissenschaften, Technik oder Latein) sowie der Abschluss eines Referendariats (pädagogische Ausbildung) – mehr Infos hier: http://bit.ly/19GjwFY. Im Fall des Energieberaters ist eine Fortbildung per Wochenend- oder Fernlehrgang nötig. Kosten: zwischen 1.000 und 3.000 €. Die Nachfrage nach Letzteren ist hoch – entfallen doch vierzig Prozent des Energieverbrauchs in Deutschland auf Gebäude.

Angestellte, die auf der Karriereleiter weit nach oben geklettert sind, haben es in der Regel leichter, auch in fachfremden Branchen einen Fuß in die Tür zu bekommen. Mit der Zunahme an Personal- und/oder Budgetverantwortung und den damit verbundenen Managementaufgaben sinkt die Bedeutung der fachlichen Ausbildung. Auf höheren Karrierestufen sind Organisationfähigkeit, Marktkenntnisse, Führungsstärke und der strategische Blick auf das „große Ganze" entscheidender als die fachliche Kompetenz, die für die Operative nicht wegzudenken ist.

Leichter haben es nicht nur Führungskräfte, sondern auch wechselwillige Studenten – dem Bologna-Prozess sei Dank. Mit der Einführung von Bachelor- (6 bis 8 Semester) und Masterabschlüssen (2 bis 4 Semester) nach amerikanischem Vorbild kann man sich fachlich breiter aufstellen und einen Quereinstieg gegebenenfalls frühzeitig vorbereiten: Je nach Ausrichtung kann ein Masterstudiengang der wissenschaftlichen Vertiefung des vorherigen Studiums oder der Erschließung neuer Wissensgebiete dienen.

Obwohl Quereinstiege hierzulande mittlerweile kein Tabuthema mehr sind: So verbreitet wie in angelsächsischen Ländern sind sie noch nicht. Das dort vollkommen übliche „Training on the job" hat sich bei uns noch nicht so sehr durchgesetzt. Immer mehr Unternehmen wagen allerdings Vorstöße – sei es mit Seminaren oder Fachtraineeprogrammen: Die Axel Springer AG qualifiziert etwa ihre Mitarbeiter, die kaufmännische Aufgaben übernehmen sollen, aber keine entsprechende Ausbildung vorweisen können, mit einem berufsbegleitenden Seminarangebot zum Thema „BWL für Nicht-BWLer".

Die Deutsche Lufthansa bietet schon seit mehr als zehn Jahren Natur-, Geistes- und Sozialwissenschaftlern das zweijährige Fachtraineeprogramm „Join Our Practice Program" an und bildet sie so für betriebswirtschaftliche Unternehmensbereiche wie Projektassistenz oder Kommunikation aus.

Aber auch Ausbildungsberufe oder andere, nicht geschützte Berufsgruppen eignen sich für Jobwechsler – ganz ohne Studium. Ein paar Beispiele:

- **Altenpfleger**: Jeder, der einen Schulabschluss in der Tasche hat, körperlich und seelisch belastbar ist, kann in der Altenpflege aktiv werden. Entweder nach dreijähriger Berufsausbildung als Fachkraft in der Altenpflege oder nach kürzerer Fortbildung als Altenpflegehelfer bzw. Pflegeassistent. Der Jobwechsel in die Branche gelingt aber auch mit zwei- bis zwölfmonatigen Qualifizierungen im Pflege- und Betreuungsbereich (etwa bei Wohlfahrtsverbänden oder Berufsfachschulen).
- **Immobilienmakler**: Jeder, der kommunikativ ist, gerne netzwerkt, überzeugen kann, hat die Chance auf hohe Provisionen durch das Vermitteln von Wohnungen oder Häusern. Eine Ausbildung ist nicht zwingend nötig, es gibt aber Weiterbildungsmöglichkeiten, etwa bei der örtlichen Industrie- und Handelskammer. Kosten: zwischen 1.000 und 2.500 €.
- **Social Media Manager**: Profis in sozialen Netzwerken wie Facebook oder Twitter mit einer kommunikativen Art, Erfahrung im Umgang mit Menschen und Vorkenntnissen aus dem Marketing oder den Public Relations können sich zum Social Media Manager weiterbilden. Achtung: am besten zertifizierte Ausbildungsangebote nutzen, beispielsweise den Lehrgang der PZOK (http://bit.ly/14vyaPC), aber keine Wochenendkurse für 50 € – was nichts kostet, ist nichts wert.

Key Learnings

- Bringt ein Kandidat neben einem sehr guten Allgemeinwissen und Referenzen aus den bisherigen Jobs (und seien es „nur" Praktika) bzw. guten Noten/Abschlüssen, einem gesunden Maß an Selbstorganisation, Methodenkompetenz oder relevanten Hobbys auch noch die nötige Lust auf den neuen Job mit, kann nicht mehr viel schiefgehen.
- Angestellte, die auf der Karriereleiter weit nach oben geklettert sind, haben es in der Regel leichter, auch in fachfremden Branchen einen Fuß in die Tür zu bekommen.
- Spezialfall: Im Lehrerberuf ist ein Hochschulabschluss im jeweiligen Unterrichtsfach nötig.

Vom Metzger zum Chirurgen? Geschützte Berufe sind ohne Qualifizierung tabu!

3

Zusammenfassung

Viele Unternehmen haben Quereinsteiger als Chance entdeckt – und mehr folgen diesem Beispiel. Manche Firmen aber dürfen dies nicht, weil bestimmte Berufsgruppen geschützt sind. Mit anderen Worten: In diesen Berufen haben Quereinsteiger keine Chance – sie setzen eine bestimmte Ausbildung voraus, etwa ein Studium oder eine Berufsausbildung.

Nach § 132 Strafgesetzbuch sind die folgenden Berufe aus naheliegenden Gründen geschützt.

- Amtsträger (Kommissare, Beamte, ...),
- Apotheker,
- Architekt,
- Arzt (Allgemeinarzt, Zahnarzt, Tierarzt, ...),
- Berufe mit akademischem Grad (Diplom-Betriebswirt, ...),
- Erzieher,
- Hebamme,
- Heilpraktiker,
- Ingenieur,
- Krankenpfleger,
- Krankenschwester,
- Logopäde,
- Notar,
- Pfarrer,
- Polier,
- Psychologe,
- Psychotherapeut,

S. Rippler, B. Woischwill, *Erfolgreich als Quereinsteiger,*
DOI 10.1007/978-3-658-00869-7_3, © Springer Fachmedien Wiesbaden 2014

9

- Rechtsanwalt,
- Rettungsassistent,
- Steuerberater,
- Stadtplaner und
- Wirtschaftsprüfer

Das Gemeinwohl und der logische Menschenverstand sagen einem, dass es wenig Sinn macht, dass sich beispielsweise der Metzger als Chirurg bewirbt – ohne die entsprechende Ausbildung, also ein Medizinstudium, vorweisen zu können. Es ist nicht auszumalen, was es bedeuten würde, wären diese Berufe nicht geschützt. Der Gesetzgeber versteht dementsprechend wenig Spaß: Amtsanmaßung, Missbrauch von Titeln und Berufsbezeichnungen werden mit Freiheitsstrafen von bis zu einem Jahr oder mit Geldstrafe geahndet. Also: Versuchen Sie es gar nicht erst, sondern absolvieren Sie die nötige Ausbildung, wenn es wirklich Ihr Traumjob ist – oder sehen Sie sich nach Alternativen um!

Key Learning
- Nicht jeder Beruf ist offen für Quereinsteiger.

Von guten Gründen, der richtigen Vorbereitung, Stärken und Schwächen

4

Zusammenfassung

Unabhängig von der neuen Wunschbranche: Der Schritt zum Quereinstieg sollte gut überlegt und geplant sein, denn er ist nicht unmöglich – aber erfordert eine sorgfältige Prüfung.

Ehe die folgenden Fragen und noch einige mehr nicht beantwortet sind, macht es keinen Sinn, einen Personaler davon überzeugen zu wollen, dass Sie als Quereinsteiger die richtige Wahl für ihn sind:

- Was wissen Sie über den Traumberuf?
- Welche formalen Voraussetzungen werden verlangt? Erfüllen Sie sie oder können Sie sie nachholen?
- Welche Ihrer Stärken könnten besonders nützlich sein?
- Welche im Studium oder während der Ausbildung erlernten Fähigkeiten oder Fakten können helfen?
- Was sind überhaupt Ihre Stärken und passen diese zum gewünschten Job?
- Und was ist der Grund dafür, dass Sie den Beruf wechseln?
- Wollen Sie in einem kleinen oder großen Unternehmen arbeiten?
- Wie sieht Ihr Traumjob aus?
- Was finden Sie am momentanen Job gut? Was schlecht?
- Entsprechen Ihre Talente und Fähigkeiten den Anforderungen des neuen Berufs? Können Sie sich fehlendes Wissen aneignen oder es durch andere Kenntnisse und Fähigkeiten kompensieren?
- Was interessiert Sie an der anvisierten Branche?
- Wie groß ist die Konkurrenz?
- Wie sieht die Beschäftigungschance in fünf Jahren aus?
- Können Sie sich den Quereinstieg eigentlich leisten (Schulungskosten, ggf. zunächst geringeres Gehalt)?

S. Rippler, B. Woischwill, *Erfolgreich als Quereinsteiger*, DOI 10.1007/978-3-658-00869-7_4, © Springer Fachmedien Wiesbaden 2014

Eine der wichtigsten Fragen greifen wir heraus: Warum eigentlich den Job wechseln? Antworten gibt es viele, aber nicht alle sind richtig. Oft ist Angestellten, die nur noch schwarz sehen, nicht bewusst, dass ihr Beruf sie bei einem anderen Arbeitgeber glücklicher machen könnte. Sie sind beim aktuellen Arbeitgeber mit dem Vorgesetzten und/oder den Kollegen nicht mehr zufrieden. Ein Unternehmenswechsel löst vielleicht viele Probleme. Aber Achtung: Ein Quereinstieg ist nichts, was aus einer Laune heraus oder gar im Affekt angestrebt werden sollte – sonst träumt man in wenigen Monaten schon von der alten Arbeit, getreu dem Motto „woanders ist das Gras auch nicht grüner".

Bevor jemand als Angestellter seiner „Heimat-Branche" den Rücken kehrt, gilt es die eigenen Karrierebedürfnisse sowie die Zukunftschancen in anderen Tätigkeitsgebieten und Branchen sehr genau kennen – und darauf aufbauend fundierte Entscheidungen treffen. Eine gute Beratung ist hierbei nicht nur Gold wert, sondern sogar unverzichtbar, um die eigenen Stärken und Schwächen zu ergründen und basierend darauf eine neue Wunschbranche zu suchen und zu finden. Der Abgleich des eigenen Selbstbildes mit einem oder mehreren Fremdbildern hilft dabei – seien es Gespräche im Bekanntenkreis, in der Agentur für Arbeit, in einem der vielen Berufsinformationszentren oder bei einem Coach, der sich auf Outplacement oder Jobwechsel spezialisiert hat.

Nur in solchen Gesprächen kommen oft Sachen ans Licht, an die man vielleicht selbst gar nicht gedacht hat. Vielleicht würde es ja ausreichen, die Abteilung zu wechseln oder innerhalb des Konzerns zu einer anderen Tochterfirma zu gehen. Aber Nachdenken und Beratungsgespräche alleine reichen nicht, um den Wunsch eines Jobwechsels in die Tat umzusetzen. Steht der Entschluss fest, dass der aktuelle Job nichts mehr für einen ist und der Jobfrust nicht nur auf den momentanen Arbeitgeber zurückzuführen ist, heißt es, auf die Suche zu gehen nach dem Traumjob. Und dabei gilt es, sich die Frage zu beantworten, was man wirklich will, und eben nicht, was der Markt gerade braucht, denn aus der Not heraus den Job zu wechseln ist meist keine gute Idee.

Ist auch diese Hürde genommen, z. B. dank der Beratungsgespräche, folgt das Wichtigste, was viele jedoch nicht machen und deshalb doch bei ihrem alten Job hängen bleiben und sich und anderen immer wieder erzählen „Wie gerne würde ich beruflich noch einmal komplett neu starten, mal was ganz anderes machen...": der Masterplan mit festgesteckten Zielen und Maßnahmen – Schritt für Schritt zum neuen Job (siehe hierzu auch das 7. Kapitel „Berufliche Ziele, Wege und Erfolge").

Dabei steht die Frage im Vordergrund, wie es anzustellen ist, damit es mit dem neuen Job klappt und nicht, ob die Idee überhaupt umgesetzt werden kann. So ist man gewissermaßen gezwungen, detaillierte Lösungsmöglichkeiten und Antworten zu finden und Entscheidungen zu treffen.

Dass man bei der Erstellung und Verfolgung des „Masterplans" ab und an ins Stolpern gerät, zurückschreckt oder sich fragt, ob es die Mühe wert ist, ist ganz normal. Wir haben alle Angst, zu scheitern, schließlich hängt unser Lebensunterhalt von dem Gelingen des Plans ab. Aber die gute Vorbereitung ist, wie so oft, die halbe Miete. Und mit einem Masterplan klappt auch der Jobwechsel. Also: Keine Angst vor inneren Konflikten und der Auseinandersetzung mit ihnen!

Der Masterplan sollte alle nächsten Schritte umfassen und Unklarheiten oder Ängste aus dem Weg räumen. Und noch viel wichtiger ist: Er soll dafür sorgen, dass für sich selbst Klarheit vorhanden ist, dass der Jobwechsel wirklich gewollt ist.

Zur Erstellung ist ein festes Plätzchen empfehlenswert – ob eine (Schrank-) Tür beklebt mit Papier, ein Notizbuch, ein Ablaufdiagramm auf dem Rechner: egal. Wichtig sind der feste Bezugspunkt und ein Termin, der ein- bis zweimal die Woche stattfinden soll, der Erstellung des Planes gewidmet und im Kalender fest eingetragen ist. Steht das, setzt man sich am besten als erstes das Datum, zu dem der Masterplan fertig sein soll und ein weiteres Datum, nämlich das des vollzogenen Jobwechsels. Von diesen Daten aus rückwärts erstellt man den Plan: Vorstellungsgespräche, Bewerbungen, Informationseinholung, Kostenklärung, Aus- und Weiterbildungsbedarf klären, Beweggründe des Jobwechsels finden, Selbst- und Fremdbildabgleich. Wenn der Masterplan fertig ist, geht es weiter mit den nächsten Schritten – alle sind in den folgenden Buchkapiteln ausführlich beschrieben.

Key Learnings

Quereinsteiger können Personaler überzeugen, wenn

- sie sich intensiv darauf vorbereiten und im Vorfeld viele Fragen für sich beantworten – im Austausch mit anderen und nach Beratung durch Dritte,
- sie genau wissen, was sie wollen,
- sie strategisch vorgehen (sich etwa initiativ bewerben statt auf ausgeschriebene Stellen, die sich nicht ausdrücklich auch an Quereinsteiger richten),
- sie sich bewusst sind, dass sie die mangelnde Fachkompetenz mit einigen der folgenden Stärken ausgleichen sollten:
  - ausgeprägte Soft Skills
  - Methodenkompetenz
  - Organisationstalent
  - interdisziplinäre (fachübergreifende) Arbeits- und Denkweise
  - Charakterstärke
  - Kreativität, Innovationskraft

- Motivation
- hohes Engagement und ausgeprägte Lernbereitschaft
- besondere Auslandserfahrung und/oder Sprachkenntnisse
- und sie sich im Klaren sind, dass sie mit dem Quereinstieg einen mutigen Schritt wagen, der sich meist nur schwer rückgängig machen lässt. Klar, ein Arzt, der nach einem Jahr in der Controlling-Abteilung wieder in eine Praxis zurückkehren möchte, wird weniger Probleme haben als ein Programmierer, der nach fünf Jahren als Journalist wieder in der IT-Welt Fuß fassen möchte. Dennoch: Die grundsätzliche Problematik sollte jedem Wechselwilligen bewusst sein.

Aus-, Fort- oder Weiterbildung: Wege zum erfolgreichen Quereinstieg

Zusammenfassung

Viele Wege führen nach Rom – auch zum erfolgreichen Quereinstieg gibt es mehr als nur eine Autobahnauffahrt. Ein Überblick: Praktikum, Traineeprogramm, Zeitarbeit, Weiterbildung, Fernstudium, Umschulung, Headhunter sowie Probearbeiten.

5.1 Mit einem Praktikum zum Quereinstieg

Praktika sind vor allem, aber nicht nur, bei noch geringer Berufserfahrung eine beliebte und gut geeignete Möglichkeit, eine Branche kennenzulernen und Kontakte zu knüpfen. Sie können von Unternehmen und Praktikanten gleichermaßen als eine Art „vorgelagerte" Probezeit dienen oder dazu, zu überprüfen, ob einen die Traum-Branche oder der Traum-Job einen wirklich träumen lassen. Praktikanten sind vor dem Gesetz keine Arbeitnehmer (Urteil Bundesarbeitsgericht aus dem Jahr 1965). Es gibt also keine Tarifverträge, geschweige denn eine Verpflichtung zur Entlohnung. Die Diskussion um das Phänomen „Generation Praktikum" sorgte jedoch weitgehend dafür, dass die Praktikantenlöhne in Deutschland fair(er) geworden sind – Ausnahmen bestätigen die Regel: Im öffentlichen Dienst oder in gemeinnützigen Organisationen kann es mit einer Bezahlung schlecht aussehen. In diesem Fall gilt es vorher die Finanzierung sicherzustellen, zum Beispiel, indem zunächst geklärt wird, ob ein Teilzeitpraktikum in Frage kommt. Die Vorteile eines Praktikums sind klar: Erfahrungen sammeln in einem Beruf und/oder einer Branche, in der derzeit noch keine Kenntnisse oder Fähigkeiten, geschweige denn Kontakte vorhanden sind. Der Nachteil liegt auch auf der Hand: Verzicht auf eine bereits in der jetzigen Branche erarbeitete Stellung bzw. auf das schon erreichte Gehaltsniveau.

S. Rippler, B. Woischwill, *Erfolgreich als Quereinsteiger,*
DOI 10.1007/978-3-658-00869-7_5, © Springer Fachmedien Wiesbaden 2014

Praktikumsstellen findet finden sich auf Online-Jobbörsen, wie z. B. praktika.
de oder praktikum.info, direkt auf den Unternehmensseiten oder im Stellenmarkt
von Zeitungen und Zeitschriften. Tipps und Tricks, wie das Praktikum zum Erfolg
wird, gibt es im Ratgeber „Praktikumsknigge", herausgegeben von Stefan Rippler
oder auf Internetseiten wie planetpraktika.de.

▶ Wichtig bei der Praktikumssuche ist, auf Angaben zum Gehalt und auf
   die verlangten Voraussetzungen zu achten (Branchenkenntnis, Studium, …). Passt das Angebot grundsätzlich, ist vor dem Vorstellungsgespräch und der Bewerbung zu klären, ob im Anschluss eine Übernahme
   realistisch ist. Erfragen Sie das am besten telefonisch und machen Sie
   deutlich, dass Sie einen triftigen Grund haben, diese Frage zu stellen:
   Sie planen einen Quereinstieg.

Key Learnings
- Praktika sind vor allem, aber nicht nur, bei noch geringer Berufserfahrung eine beliebte und gut geeignete Möglichkeit, eine Branche kennenzulernen und Kontakte zu knüpfen.
- Praktikanten sind vor dem Gesetz keine Arbeitnehmer (Urteil Bundesarbeitsgericht aus dem Jahr 1965). Es gibt also keine Tarifverträge,
  geschweige denn eine Verpflichtung zur Entlohnung. Die Diskussion um
  das Phänomen „Generation Praktikum" sorgte jedoch weitgehend dafür,
  dass die Praktikantenlöhne in Deutschland fair(er) geworden sind.
- Zu viele Praktika sind eher schädlich, wichtig sind qualifizierende Praktika, die aufeinander aufbauen.

5.2 Durch ein Traineeprogramm zum Quereinstieg

*Ein Gastbeitrag von Lukas Große-Klönne, Initiator von trainee-gefluester.de und Re-
daktionsleiter bei der Jobbörse absolventa.de*

Traineeprogramme sind nur was für Top-Absolventen von begehrten Studien-
fächern, High Potentials und Überflieger? Nicht zwingend: Bei kleineren oder mittelständischen Firmen haben auch Quereinsteiger meist eine Chance. Auf schicke
Auslandstrips und hohe Gehälter müssen die Berufsanfänger zwar verzichten – dafür brauchen sie aber auch keinen „Elite-Lebenslauf" vorzuweisen.

Maximilian Apel, 25, ist nicht gerade das, was Headhunter unter einem High Potential verstehen: lange Haare, kein Abitur, kein Studium, keine Berufserfahrung. Eigentlich wollte er Musiker werden, einige Jahre lang hat er es versucht, leben konnte er vom Gitarre spielen nicht. Dass er einmal Trainee bei einem E-Commerce-Unternehmen werden würde, hätte er selbst nicht gedacht. Mit HTML und CSS kannte er sich zwar aus, aber Nachweise für die selbst angeeigneten IT-Kenntnisse hatte er nicht.

Den Unternehmensgründern Tim Keding und Henry Bökemeier ist das egal. Leidenschaft und Lernwille sind den beiden wichtiger als Schulnoten, Zeugnisse oder Berufserfahrung. Die Schuhfans aus Berlin sind die Chefs des Start-ups shoepassion.com. Sie verkaufen im Internet rahmengenähte Herrenschuhe. Apel wurde ihnen von einer Mitarbeiterin für die neu geschaffene Traineestelle empfohlen. Unbeeindruckt von dem wenig ansprechenden Lebenslauf und dem melancholischen Gesichtsausdruck auf seinem Bewerbungsbild, luden Keding und Bökemeier den arbeitslosen Gitarrenspieler zu einem Vorstellungsgespräch ein – und erkannten sofort sein Potenzial.

Trotzdem bekam Apel zunächst nur ein bezahltes Praktikum. „Gerade bei einem kleinen Unternehmen ist es wichtig, dass neue Mitarbeiter ins Team passen", sagt Keding. Im Praktikum konnten sich beide Seiten kennenlernen. Und schon nach wenigen Wochen stand fest: Es passt. Apel kümmert sich seitdem als Trainee um die Optimierung der Website, arbeitet mit verschiedenen Programmiersprachen und ist verantwortlich für das Warenwirtschaftssystem.

Mit ihrem unkomplizierten Recruiting steht die junge Berliner Firma exemplarisch für viele kleinere Firmen, die auch Quereinsteigern eine Chance bieten. Für Traineeprogramme gibt es keinerlei rechtliche Standards. Jedes Unternehmen kann sein eigenes Nachwuchsprogramm anbieten und Inhalt, Dauer und Bezahlung selbst bestimmen. Dementsprechend breit gefächert ist das Angebot.

Top-Unternehmen suchen für ihre Traineeprogramme in der Regel High Potentials. Wer nicht zu den zehn Prozent der Jahrgangsbesten gehört, hat im Prinzip keine Chance auf die lukrativen und Erfolg versprechenden Traineestellen bei Daimler, Telekom, Siemens und Co. Der große Bewerberstrom erlaubt den Firmen, die Anforderungen extrem hoch zu schrauben: Ein exzellenter Abschluss, Auslandserfahrung, Mehrsprachigkeit, außeruniversitäres Engagement und Praktika bei renommierten Arbeitgebern werden vorausgesetzt. Außerdem werden Fachkenntnisse und Soft Skills in einem mehrstufigen Auswahlverfahren getestet.

Für die breite Masse der Berufseinsteiger bleiben so oft nur die Traineeprogramme kleinerer Firmen, bei denen vor allem Learning by Doing angesagt ist statt Workshops mit externen Coaches, Seminaren an der hauseigenen Akademie und mehrmonatigen Auslandsaufenthalten. Traineeprogramme bei kleinen und mittleren Unternehmen stehen dadurch schnell im Verdacht, nur im Fahrwasser der Top-Traineeprogramme mitzuschwimmen und Berufseinsteiger bei wenig Gehalt und viel Arbeit auszunutzen. Zum Teil stimmt das, denn die Bezahlung kann nur in seltenen Fällen mit dem Gehalt der Global Player mithalten. Im Durchschnitt verdient ein Trainee bei einem Konzern pro Jahr rund 10.000 € mehr als bei einer kleinen Firma. Manche Top-Unternehmen zahlen ihren Trainees ein Jahresbruttogehalt von mehr als 50.000 € – das kann kein Start-Up bieten. Andererseits lässt sich auch bei kleinen Unternehmen viel lernen und später eine Festanstellung ergattern. Und gerade Mittelständler sind an Querdenkern mit vielseitigen Erfahrungen interessiert. So ergeben sich Einstiegschancen für Studienabbrecher, Absolventen von sogenannten Orchideenfächern oder Leute mit unterdurchschnittlichen Noten.

Shoepassion.com-Gründer Tim Keding ist überzeugt davon, dass verschiedene Charaktere mit unterschiedlichen Lebensläufen einem Unternehmen guttun. Schließlich seien heterogene Teams nachweislich erfolgreicher als homogene Teams.

Als Maximilian Apel sein Traineeprogramm antrat, arbeiteten bei shoepassion.com fünf Personen, inzwischen sind es 15. Apel hat mittlerweile schon in fast allen Abteilungen des Unternehmens gearbeitet, vom Lager über den Support bis zum Onlinemarketing. Sein Favorit ist die IT-Abteilung, in die er nun auch übernommen wird. „Etwa 80 % bestehen aus Learning by Doing, der Rest sind Lern- und Lehrphasen", sagt Apel. „Im IT-Bereich muss man sich vieles selbst beibringen. Es gibt aber auch richtige Schulungen, intern durch die Kollegen und teilweise auch durch externe Leute."

Dass ihr einjähriges Traineeprogramm nicht mit den Angeboten großer Konzerne mithalten kann, steht für Tim Keding außer Frage. Was sie dafür bieten können: eine steile Lernkurve, den Einblick in das Zusammenspiel einzelner Abteilungen, die Aussicht auf einen festen Job, regelmäßige Feedback- und Entwicklungsgespräche und dadurch echte Chancen für Quereinsteiger. Denn es zählt nicht so sehr der geradlinige Lebenslauf, sondern viel wichtiger sind die eigenen Talente: „Da wird nicht um den heißen Brei herumgeredet, sondern klar gesprochen, wo man seine Stärken und Schwächen hat und wie beide Seiten sich die weitere Entwicklung vorstellen", sagt Apel.

Die unter dem Label Traineeprogramm angebotenen Jobs von kleinen und mittleren Unternehmen also sind nicht zwangsläufig zweitklassig. Berufseinsteiger sollten dennoch Inhalte und Perspektiven genau prüfen. Für das Vorstellungsgespräch bedeutet das: konkrete Fragen stellen. Wie ist das Traineeprogramm aufgebaut? Welche Aufgaben bekommt der Trainee und wie viel Verantwortung soll er übernehmen? Wie wird er eingearbeitet und betreut? Wie stehen die Chancen auf eine Festanstellung? Und natürlich: Wie viel Geld gibt es?

Maximilian Apel will keine konkreten Zahlen nennen: „Für ein Start-up ist das Gehalt mehr als in Ordnung." Geld sei für ihn ohnehin nur ein Teil der Bezahlung: „Für mich zählen auch Anerkennung, die positive Arbeitsatmosphäre und die Aufgabenvielfalt."… und die Chance auf ein Traineeprogramm trotz Orchideen-Studienfach oder vielleicht sogar fehlendem oder abgebrochenem Studium, frühem Branchenwechsel oder Ähnlichem. Klarer Punkt, der für Quereinsteiger als Trainees in KMUs zählt: Die Konkurrenz ist nicht so unschlagbar wie bei einigen Großkonzernen.

▶   Die passenden Traineeprogramme finden Sie zum Beispiel hier:
  • Bundesweit: http://trainee-gefluester.de/trainee-programme
  • Bundesweit: http://www.access2trainee.de/trainee-programme
  • Bundesweit: http://www.karriereimmittelstand.com
  • Göttingen: http://www.mtec-akademie.de/goetrain/fuer-bewerber
  • Sachsen-Anhalt: http://www.gfm.de/ueber-uns/regionen/dessau-rosslau-magdeburg/train-mit
  • Nürnberg: http://www.ihk-nuernberg.de/de/IHK-Magazin-WiM/WiM-Archiv/WIM-Daten/2003-10/Berichte-und-Analysen/Trainee-Programme-fuer-den-Mittelstand.jsp
  • Osnabrück: http://www.wiso.hs-osnabrueck.de/38540.html
  • Niedersachsen: https://www.mwk-efre.de/mwkefre_pubdb/2648

Key Learnings
  • Nicht bei Konzernen, aber durchaus bei kleineren oder mittelständischen Firmen haben auch Quereinsteiger eine Chance auf ein Traineeprogramm. Gerade Mittelständler sind an Querdenkern mit vielseitigen Erfahrungen interessiert.
  • Gute Einstiegschancen für Studienabbrecher, Absolventen von sogenannten Orchideenfächern oder Leute mit unterdurchschnittlichen Noten.
  • Traineeprogramme bieten eine steile Lernkurve, den Einblick in das Zusammenspiel einzelner Abteilungen, die Aussicht auf einen festen Job, regelmäßige Feedback- und Entwicklungsgespräche und dadurch echte Chancen für Quereinsteiger.
  • Achtung bei Inhalt und Perspektiven. Genau prüfen. Es gibt schwarze Schafe. Für das Vorstellungsgespräch bedeutet das: konkrete Fragen stellen (Gehalt, Betreuung, Weiterbildung,…).

5.3 Mit Zeitarbeit zum Quereinstieg

In vielen Firmen haben Zeit- oder Leiharbeiter gerade Konjunktur – schließlich wollen einige Unternehmen sich in der derzeitigen Wirtschaftslage nicht lange oder gar unbefristet an Arbeitnehmer binden. Genau deswegen und weil es ein paar schwarze Schafe gibt, die Festangestellte entlassen, um sie hinterher als Zeitarbeiter zu günstigeren Konditionen einzustellen, hat die Arbeitnehmerüberlassung in der öffentlichen Wahrnehmung meistens einen schlechten Ruf. Tatsächlich kann Zeitarbeit aber auch ein gutes Sprungbrett sein, gerade für Quereinsteiger, die in einer ihnen noch (relativ) fremden Branche Fuß fassen möchten. Als Leiharbeiter schließt man mit einer Arbeitnehmerüberlassung (bzw. einem sogenannten Verleiher) einen unbefristeten Vertrag ab. Diese Firma verleiht den Mitarbeiter dann an andere Firmen (sogenannte Entleiher), für die er dann in einer bestimmten Position tätig ist. Das Weisungsrecht geht dabei an den Entleiher über, den Vertrag allerdings hat er weiterhin mit dem Verleiher. In Leerlaufzeiten, in denen der Mitarbeiter beim Verleiher angestellt ist, aber nicht verliehen wird, bietet sich meist die Gelegenheit einer Fort- oder Weiterbildung an. Leiharbeit ermöglicht es, sich in verschiedenen Unternehmen und Branchen zu zeigen und herauszufinden, ob das neue Aufgabenfeld wirklich etwas für einen ist. Es gibt viele Unternehmen, die Zeitarbeiter nicht nur einsetzen, um kurzfristige Engpässe oder Belastungsspitzen zu überbrücken, sondern auch, um neue Arbeitnehmer kennenzulernen und frischen Wind in die Firma zu bekommen. Es ist also eine gute Chance, sich als Quereinsteiger in einem neuen Job zu beweisen. Und falls das nicht klappen sollte, so kann zumindest wertvolle Arbeitserfahrung gesammelt werden, die in zukünftigen Bewerbungen präsentiert werden kann. Außerdem beweist ein Zeitarbeiter ein Höchstmaß an Flexibilität, denn er muss sich schließlich immer wieder neuen Gegebenheiten und Situationen anpassen. Allerdings eignet sich nicht jedermann für den Quereinstieg per Zeitarbeit: Eher schüchtern veranlagte Persönlichkeiten, die viel Zeit brauchen, um sich in neue Teams einzuarbeiten, werden es schwer haben, denn Zeitarbeiter lernen ständig neue Menschen kennen, das Umfeld kann sich häufig ändern und im „schlimmsten Fall" könnte es sogar sein, dass sie von einem Unternehmen, in dem sie sich wohlfühlen, abzieht und anderweitig verleiht – aus den unterschiedlichsten Gründen. Im Falle der Zeitarbeit geht der Mitarbeiter schließlich einen unbefristeten Vertrag mit dem Verleiher ein, nicht mit der Firma, an die er verliehen wird.

▶   Wichtig: Beim Quereinstieg über Zeitarbeit gilt es zu wissen, dass der
     Lohn grundsätzlich geringer ausfällt als in den entsprechenden Fest-
     anstellungen – maximal bis zu 30 %. Verlässliche Zahlen dazu, wie viele

Zeitarbeiter übernommen werden, gibt es nicht. Experten unterschiedlicher Branchenverbände gehen von mindestens jedem Zehnten aus. Die beliebtesten Leiharbeitsbranchen sind laut Statistischem Bundesamt: handwerkliche Berufe, Aushilfstätigkeiten, Assistenzjobs, maschinenbedienende Berufe, Techniker, Dienstleistungsberufe, kaufmännische und akademische Berufe.

Key Learnings
- Zeitarbeit hat ihren Namen nicht umsonst. Die Anstellung über eine Zeitarbeitsfirma soll nur eine gewisse Zeit lang verfolgt werden.
- Nach maximal einem Jahr sollte eigentlich im besten Fall ein „Klebeeffekt" einsetzen: Hat das Unternehmen bis dahin kein Interesse an einer Übernahme, sollte der Mitarbeiter etwas ändern. Denn einige Firmen nutzen Leiharbeit als Ersatz für Vollzeitstellen, um Lohnkosten zu sparen.

5.4 Über eine Weiterbildung zum Quereinstieg

Weiterbildung hilft nicht nur, den Arbeitsplatz zu sichern, sondern auch beim Jobwechsel. Ganz ohne jegliche Weiterbildung wird ein Umstieg in eine vollkommen andere Branche schwer (Führungskräfte ab einer gewissen Hierarchiestufe einmal außen vor gelassen). Für eine Fort- und Weiterbildung stehen, auch für Quereinsteiger, neben dem autodidaktischen Aneignen von Kenntnissen oder Fähigkeiten zahlreiche Möglichkeiten zur Wahl.

5.4.1 Industrie- und Handelskammern

Die regionalen Industrie- und Handelskammern bieten im Bereich der beruflichen Neuorientierung eine Vielzahl an Seminaren und Trainings an, vereinzelt sogar ganze Ausbildungswege. So kann man an der IHK Hannover beispielsweise als Quereinsteiger Seminare zum Verkäufer belegen, die Südwestfälische Industrie- und Handelskammer bietet auf ihrer Internetseite einen eigenen Bereich für Quereinsteiger (http://www.sihk.de/bildung/Quereinsteiger/). Die Maßnahmen an der Industrie- und Handelskammer sind meist kostenpflichtig – allerdings sind dafür die Bildungsgutscheine der Bundesagentur für Arbeit verwendbar (mehr dazu in Kap. 6 „Fördermöglichkeiten für Quereinsteiger").

▶   Wichtig: Sollte der Wunscharbeitgeber bestimmte Weiter- oder Fort-
    bildungen der IHK voraussetzen, bietet es sich an, Möglichkeiten der
    Kostenübernahme anzusprechen. Oftmals ist die Bereitschaft vorhan-
    den, verbunden mit einer Verpflichtung des Quereinsteigers auf eine
    bestimmte Zeit – schließlich ist die Kostenübernahme ja eine Investi-
    tion in einen neuen Arbeitnehmer, in den viel Hoffnung gesetzt wird,
    und somit auch ein gutes Zeichen für jeden Quereinsteiger.

5.4.2   Abendschulen

An den sogenannten Abendhauptschulen, Abendrealschulen oder Abendgymnasien können nicht nur fehlende Schulabschlüsse nachgeholt werden. Oft werden
auch ganze Studiengänge oder sogar Berufsausbildungen angeboten. Lehrgänge
zum Industriemeister, staatlich geprüften Betriebswirt oder andere Qualifizierungen in technischen Berufen sind gute Beispiele für das mannigfaltige Angebot. Der
Unterricht findet meist abends, gegebenenfalls auch an Samstagen statt. Immer
häufiger werden auch tagsüber Kurse angeboten, etwa für Schichtarbeiter oder
Erwerbslose. Ein umfangreiches Verzeichnis von Abendschulen in Deutschland,
Österreich und der Schweiz gibt es unter www.abendschulen.info.

5.4.3   Volkshochschulen

Die gemeinnützigen Volkshochschulen in Deutschland sind keine Hochschulen im
eigentlichen Sinne, sondern vielmehr Non-Profit-Anbieter von Weiterbildungen
und Seminaren unterschiedlicher Dauer (meist zwischen einer und 15 Wochen),
in der Regel für alle Menschen ab 16 Jahren. Es gibt natürlich auch Kurse, die auf
die Bedürfnisse von berufstätigen Personen, Rentnern, Eltern oder eben Jobwechslern zugeschnitten sind. Je nach Zielgruppe und Verfügbarkeit von Räumen finden
Kurse vormittags, abends oder als Intensivkurs am Wochenende statt. Ein weiteres
Angebot vieler Volkshochschulen sind Bildungsurlaube (Studien- und Sprachrei-
sen und Exkursionen) nach den Arbeitnehmerweiterbildungsgesetzen der Bundes-
länder.

Der Volkshochschulverband betreibt das Internet-Lernportal ich-will-lernen.
de, auf dem Benutzer kostenlos und anonym – von Tutoren betreut – unter anderem schreiben und lesen lernen können. Alle Volkshochschulen und die dort
angebotenen Kurse sind zu finden unter http://www.vhs.de.

5.4.4   Seminare an privaten Instituten

Abend- und Volkshochschulen oder die IHK sind nicht die einzigen Wege, um sich beruflich weiterzubilden und umzuorientieren. Für Berufstätige, die den Quereinstieg planen, bieten sich neben Fernuniversitäten Fernlernangebote oder Seminare von privatwirtschaftlichen Instituten an, die in Zeiten des Internets nahezu wie Pilze aus dem Boden sprießen. Die laut Stiftung Warentest bundesweit beste Anlaufstelle für Weiterbildungsseminare, -kurse und Ausbildungen[1] ist http://kursnetfinden.arbeitsagentur.de/kurs/.

Für die Entscheidung zur Teilnahme an einem Kurs ist es unerlässlich, dass die eigenen Zielvorstellungen geklärt sind. Ebenfalls wichtig ist, dass ein Kurs neben dem Theorieteil auch Praxiselemente umfasst – so ist eine praktische Anwendung des Erlernten viel einfacher. Sofern dies aus der Kursbeschreibung nicht hervorgeht, fragen Sie beim Anbieter nach: Sind Übungen zur Strategieplanung vorgesehen, zum Beispiel eine Zielgruppenanalyse oder Kostenrechnung? Ein weiteres Kriterium guter Kurse ist gutes und hilfreiches Kursmaterial. Fragen Sie nach: Wie sehen die Unterlagen für das Seminar aus? Hilfreich ist es, wenn sie schon vor Kursbeginn herausgegeben werden. Sie sollten so vollständig, logisch strukturiert und umfassend sein, dass die Teilnehmer den Stoff zu Hause eigenständig wiederholen und einzelne Punkte nachschlagen können.

Knackpunkt Referent   Der Kursinhalt und die Kursunterlagen können noch so gut sein – der Referent muss auch stimmen. Sein Name sollte bei der Kursausschreibung klar angegeben sein. Dann lässt sich recht schnell prüfen, ob der Dozent weiß, wovon er spricht. Schließlich können auf XING und Co. problemlos Lebenslauf, Publikationen oder Ähnliches recherchiert werden. Ist der Name des Vortragenden nicht genannt: unbedingt nachfragen. Auch nicht unwichtig: überprüfen, wer der Veranstalter der Aus- oder Weiterbildung ist. Handelt es sich nicht um einen Seminaranbieter, sondern um ein Dienstleistungsunternehmen, ist die Gefahr einer reinen Verkaufsveranstaltung sehr groß. Besonders vorsichtig gilt es bei E-Books oder Videobeiträgen zu sein, die gegen einen relativ hohen Geldbetrag angeboten werden – viele selbst ernannte Gurus verdienen sich damit eine goldene Nase. Am besten recherchieren Sie vorher, ob es bereits Kommentare und Bewertungen im Internet gibt, was Kursanbieter oder Kursleiter angeht. Aber Achtung: Die können gefälscht sein – also auch im Kollegen-, Freunden- und Bekanntenkreis umhören.

Oftmals wird in den Kursbeschreibungen angegeben, welches Wissen vorausgesetzt wird. Fehlt diese Angabe, sollten Sie unbedingt nachfragen. Zur idealen Grup-

---

[1] http://www.test.de/Weiterbildungsdatenbanken-Schnell-auf-Kurs-4271798-4271807/.

pengröße: Optimal sind etwa vier bis zehn Teilnehmer, mehr als 15 sollten es bei
nur einem Kursleiter nicht sein, sonst kann dieser nicht ausreichend auf die Fragen
und Anliegen eines jeden Einzelnen eingehen.

Auf dieser Basis lässt es sich schon ganz gut entscheiden, ob ein Kurs in Frage kommt. Beziehen Sie auch E-Learning-Angebote ein. Sie bieten die Chance,
sich parallel zum aktuellen Beruf weiterzubilden und den Quereinstieg sozusagen
„nebenbei" voranzutreiben.

Unabhängig von Weiterbildungsmaßnahmen kann und sollte sich jeder autodi-
daktisch aus- und weiterbilden. Das ist aus vielerlei Sicht sehr sinnvoll. Allerdings
reicht das pure Lernen auf eigene Faust oft nicht, denn für viele Personaler zählt
nur das, was schwarz auf weiß vorliegt: Zertifikate oder Zeugnisse.

Key Learnings

- Ganz ohne jegliche Weiterbildung wird ein Umstieg in eine vollkommen
  andere Branche schwer.
- Die regionalen Industrie- und Handelskammern bieten im Bereich der
  beruflichen Neuorientierung eine Vielzahl an Seminaren und Trainings
  an.
- An den sogenannten Abendhauptschulen, Abendrealschulen oder
  Abendgymnasien können nicht nur fehlende Schulabschlüsse nachgeholt
  werden. Oft werden auch ganze Studiengänge oder sogar Berufsausbildungen angeboten.
- Die gemeinnützigen Volkshochschulen in Deutschland bieten Weiterbildungen und Seminare unterschiedlicher Dauer (meist zwischen einer
  und 15 Wochen), in der Regel für alle Menschen ab 16 Jahren.
- Für Berufstätige, die den Quereinstieg planen, bieten sich neben Fernuniversitäten Fernlernangebote oder Seminare von privatwirtschaftlichen
  Instituten an, die in Zeiten des Internets nahezu wie Pilze aus dem Boden
  sprießen.

5.5   Quereinstieg dank Fernstudium

Industrie- und Handelskammern, Handwerkskammern, Volks- und Abendschulen
sowie private Bildungsinstitute bieten zwar nebenberufliche Qualifikationen an,
doch was, wenn diese für einen Quereinstieg nicht ausreichen? Der Wunschjob
setzt eine Hochschulausbildung voraus. Auch dafür gibt es eine Lösung: Fern- und

Online-Studiengänge an staatlich zugelassenen Hochschulen mit geringem Anteil an Präsenzpflicht (maximal Freitagabend bis Sonntagabend) – so ist berufsbegleitendes Studieren möglich. Die Lernunterlagen werden postalisch oder online zur Verfügung gestellt, genauso wie Übungsaufgaben, die dann der betreuende Professor korrigiert und die Noten mitteilt. Das Gros an Lernstoff und Prüfungen kann so bequem von zu Hause aus erledigt und frei eingeteilt werden.

Ganz ohne Präsenz geht es aber auch an einer Fernuniversität selten. Die vorgeschriebenen Prüfungen beispielsweise werden bei einem Fernstudium meist nicht online, sondern persönlich an der Universität oder einer Partnereinrichtung geschrieben und je nach Studienfach ist auch mehr oder weniger häufig die Anwesenheit während bestimmter Seminare oder Kurse notwendig – in der Regel an Wochenenden (maximal noch zusätzlich an Freitagen). Der gesetzliche Urlaubsanspruch reicht aber dafür auf jeden Fall aus.

Übrigens: Ein Abitur ist nicht zwingende Voraussetzung für ein Fernstudium. Hier lohnt ein Blick in die jeweilige Studiengangsbeschreibung. Manchmal sind Berufserfahrung, eine Berufsausbildung oder Ähnliches ausreichend für eine Zulassung.

Ähnlich flexibel gestaltet sich die Studiendauer, die meistens festgeschrieben, aber oft verlängerbar ist – allerdings meist gegen Aufpreis.

Ein Fernstudium ist also ein guter Wegbereiter für den Quereinstieg: Die nötigen Qualifikationen lassen sich während des bisher ausgeübten Berufs erlernen. Wichtig dabei sind Disziplin und Durchsetzungsvermögen. Das ist nicht so einfach, wie nebenberuflich einen Angelschein zu erwerben, sondern verlangt viel Konzentration und Zielstrebigkeit. Das allerdings sind Eigenschaften, die ein jeder Arbeitgeber zu schätzen weiß. Die optimale Anlaufstelle, um den geeigneten Fernstudiengang zu finden, ist der Hochschulkompass: http://www.hochschulkompass. de/studium/suche/fernstudium.html.

Key Learnings

- Ein Abitur ist nicht zwingende Voraussetzung für ein Fernstudium.
- Ganz ohne Präsenz geht es an Fernuniversitäten selten. Die vorgeschriebenen Prüfungen finden meist an der Universität oder einer Partnereinrichtung statt und je nach Studienfach ist auch mehr oder weniger häufig die Anwesenheit während bestimmter Seminare oder Kurse notwendig – in der Regel an Wochenenden (ggf. an Freitagen).
- Disziplin und Durchsetzungsvermögen sind Pflicht, genauso wie Konzentration und Zielstrebigkeit.

5.6   Jobwechsel durch Umschulung

Gründe für eine Umschulung können vielfältig sein: Arbeitslosigkeit, Krankheit, Berufsunfähigkeit im bisherigen Job, Probleme beim Einstieg in den erlernten Beruf oder eben ein gewünschter Jobwechsel. Grundsätzlich kann jeder eine Umschulung absolvieren, allerdings sind die wenigsten Angebote kostenfrei, das heißt also, entweder die Freizeit (Wochenenden, Abende) zu opfern oder einen Fernlehrgang zu wählen. Für eine Umschulung ist die Bundesagentur für Arbeit erster Ansprechpartner. Sie entscheidet über eine Förderung und übernimmt gegebenenfalls die Kosten. Das passiert allerdings nur, wenn die Agentur feststellt, dass eine zukünftige Verbesserung der Vermittlungsfähigkeit durch die Umschulung gegeben ist. Ergo: Die Kosten werden nur übernommen, wenn man bereits arbeitslos ist oder sich in einem befristeten Arbeitsverhältnis befindet, das bald endet oder wenn die jetzige Branche nicht das richtige für einen ist (das muss nicht immer klappen) oder aufgrund von Berufsunfähigkeit bzw. Krankheit. Entschieden wird immer im Einzelfall, Garantien kann niemand geben. Auch andere Stellen, wie die Sozialversicherung, können die Umschulung fördern oder Auffanggesellschaften, in denen etwa bei größeren Insolvenzen den Arbeitnehmern Qualifizierungsangebote gemacht werden. Möglich sind auch Angebote spezieller Outplacement-Agenturen, also Anbietern, die z. B. im Rahmen eines Aufhebungsvertrages dafür vom bisherigen Arbeitgeber bezahlt werden, einem beim Jobwechsel zu unterstützen. Gute Umschulungsangebote finden sich hier: http://kursnet-finden.arbeitsagentur.de/kurs/.

Generell gibt es drei Arten der Umschulung:

* Die Betriebliche Umschulung im dualen System ist vergleichbar mit einer Ausbildung. Man arbeitet also bereits im neuen Betrieb und wird parallel dazu ausgebildet. Ein Berufsschulbesuch ist nicht vorgeschrieben, aber ratsam. Der Verdienst bewegt sich etwa bei dem eines Auszubildenden, steigt nach Abschluss der Ausbildung aber entsprechend auf ein der Stelle angemessenes Niveau an. Eine Förderung durch die Arbeitsagentur ist möglich.
* Die Schulische Umschulung findet an einer Berufsschule statt. Eine Vergütung gibt es nicht, im Gegenteil, meistens kostet die Ausbildung. Eine Förderung durch die Arbeitsagentur ist möglich.
* Die Überbetriebliche Umschulung wird in Übungswerkstätten und -firmen absolviert. Auch hier gibt es keine Vergütung und es entstehen Kosten für die Umschulung. Eine Förderung durch die Arbeitsagentur ist auch hier möglich.

Key Learnings
- Jeder kann eine Umschulung absolvieren.
- Die meisten Angebote sind kostenpflichtig.
- Es gibt Fördermöglichkeiten.
- Beste Anlaufstelle: http://kursnet-finden.arbeitsagentur.de/kurs/

5.7 Quereinstieg mit Hilfe von Headhuntern und Personalvermittlern

Personalvermittler und Headhunter können Jobwechslern behilflich sein, wenn es darum geht, den Traumjob zu finden – unabhängig davon, ob man nun gerade schon eine leitende Position innehat oder nicht, denn: Personalvermittler sind für alle da. Nicht nur Manager können profitieren – die private Personalvermittlung ist seit den 1990er Jahre in Deutschland zugelassen. Zuvor war es das Hoheitsgebiet der Bundesagentur für Arbeit, mit nur ganz wenigen Ausnahmen, wie etwa für Künstler.

Personalvermittler sind gewissermaßen Kopfgeldjäger und suchen im Auftrag und auf Rechnung von Arbeitgebern nach passenden Kandidaten für bestimmte Jobs. Dazu scannen sie die Branche, knüpfen Kontakte, nutzen soziale Netzwerke wie XING und LinkedIn für die Kandidatensuche oder schreiben auf ihrer Internetseite Jobangebote von ihren Auftraggebern anonymisiert aus. Und genau hier kommt man als Quereinsteiger ins Spiel. Zuvor gilt es aber, herauszufinden, ob es sich um seriöse Headhunter oder Personalvermittler handelt. Die richtige Anlaufstelle hierfür ist der Verband der Personaldienstleister und Arbeitsvermittler (http://vpda.de). Headhuntern oder Personalvermittlern, die hier Mitglied sind, kann vertraut werden. Vorsicht bei Agenturen, die im Vorfeld Geld verlangen! Die Personalvermittlung ist für denjenigen, der vermittelt wird, kostenlos. Bezahlt wird der Vermittler vom suchenden Unternehmen.

Ist eine passende Stelle auf einer Internetseite eines seriösen Anbieters oder schlichtweg „nur" ein seriöser Anbieter gefunden, der zwar keinen passenden Job ausschreibt, aber auf die Traumbranche spezialisiert ist, heißt es: Bewerben! Ganz wichtig ist dabei, Kontakt zum Vermittler aufzunehmen und das Gespräch zu suchen. Wer als Quereinsteiger nur Formulare ausfüllt oder die Unterlagen zuschickt, bei dem ist die Gefahr groß, dass man „untergeht" – diejenigen mit „glattem" Karriereweg sind schließlich beim Vermittler im Vordergrund. Finden Sie durch einen

Anruf heraus, ob überhaupt Interesse an der Vermittlung von Quereinsteigern besteht und loten Sie aus, ob der Vermittler und Sie zusammenpassen könnten.

Hilfreich ist auch ein Anruf beim Bundesverband (Telefonnummer: 0351 21249701) oder der örtlichen Bundesagentur für Arbeit: Hier bekommt man am ehesten einen Hinweis auf Personalvermittler oder Headhunter, die sich auf Quereinsteiger spezialisiert haben. Der Weg über einen Personalvermittler oder Headhunter sollte möglichst zusätzlich zu anderen beschritten werden – nur auf die „Makler" zu hoffen, reicht oftmals nicht.

Key Learnings
- Die Personalvermittlung ist für denjenigen, der vermittelt wird, kostenlos.
- Die größten Herausforderungen: Einen seriösen Vermittler finden, der zu einem passt. Ob es sich um seriöse Headhunter oder Personalvermittler handelt, verrät der Verband der Personaldienstleister und Arbeitsvermittler (http://vpda.de). Dank eines Anrufs beim Vermittler finden Sie heraus, ob überhaupt Interesse an der Vermittlung von Quereinsteigern besteht und loten aus, ob er und Sie zusammenpassen könnten. Die Chemie muss stimmen und das Bauchgefühl.
- Vermittler, die im Vorfeld Geld für ihre Leistung verlangen sind unseriös.

5.8 Mit Vitamin B zum neuen Job

Schätzungsweise werden zwischen 30 und 50 % aller Jobs über persönliche Kontakte besetzt. Vitamin B kann auch beim Quereinstieg so manche Tür öffnen. Nicht jede vakante Stelle wird schließlich ausgeschrieben. Viele Firmen haben einen internen Stellenmarkt, über den viele Stellen nachbesetzt werden. Hier hilft ein Kontakt, um an diese Ausschreibungen zu kommen. Als Quereinsteiger stehen die Chancen mit einer Initiativbewerbung schließlich am besten. Es gilt sich nicht davor scheuen, Kontakte von Freunden, Bekannten und der Familie zu nutzen. Das kann Türen öffnen, durchgehen muss man aber selbst. Kontakte zu knüpfen ist quasi überall möglich – ein paar Möglichkeiten seien hier aufgezählt:

5.8.1 XING/LinkedIn

XING und LinkedIn sind mit mehr als 10 Mio. Mitgliedern die größten und bekanntesten Business-Netzwerke im Internet. Bei Personalverantwortlichen ist das

„Facebook der Geschäftswelt" sehr beliebt, denn es ermöglicht ihnen einen kurzen Überblick über Kompetenzen und den Werdegang eines Bewerbers. Diese Chance gilt es zu nutzen und seine Vorzüge und Qualitäten in einem Profil zum Ausdruck zu bringen. Übrigens werfen auch neue Kollegen, Geschäftspartner oder Kunden gerne mal einen Blick auf das XING-Profil, um zu sehen, mit wem sie es zu tun haben.

5.8.2   Messen

Auf Messen sind Aussteller und Besucher auf der Jagd nach Visitenkarten, Kontakten, potenziellen Kunden und Bewerbern bzw. Jobs. Pro Jahr finden in Deutschland etwa 300 Karriereveranstaltungen statt. Solche Firmenkontakt-, Ausbildungs- oder Karrierestart-Messen sind bei Arbeitgebern sehr beliebt, weil sie dort bis zu 50 Kurz-Vorstellungsgespräche an einem Tag führen können. Sowohl für Bewerber als auch für Unternehmen ist das eine gute Chance, Kontakte zu knüpfen, Talente oder Traumarbeitgeber zu finden – ähnlich wie beim Speeddating. Eine umfassende Übersicht über Jobmessen gibt es im Internet unter www.berufsstart.de/jobmesse oder www.jobmesse-radar.de.

Die hohe Zahl der Karriereveranstaltungen zeigt, wie wichtig auch für die Unternehmen der persönliche Kontakt bei der Personalauswahl ist. Die Unternehmen – von KMUs bis hin zu Global Playern wie Siemens oder BMW – zeigen Einstiegs- und Karrieremöglichkeiten auf und die Bewerber präsentieren sich mit ihren Qualifikationen und Kompetenzen. Nicht selten bekommen Jobsuchende schon vor Ort eine Zusage für ein Praktikum oder eine Einladung zum Assessment-Center für eine Traineestelle. Der kleine Jobmesse-Knigge auf www.jobmesse-radar.de hilft bei der Vorbereitung für einen überzeugenden Messeauftritt.

Die Vorbereitung ist nicht nur bei jedem Vorstellungsgespräch das A und O, sondern auch bei einem Messebesuch. Welche Firmen sind auf der Messe? In welchem Bereich haben die Unternehmen Vakanzen? Welche Firmenstandorte kommen infrage? Diese und viele Fragen mehr beantworten in der Regel die Karriereseiten der Unternehmen und der Internetauftritt der Jobmesse.

Es gibt jedoch einen wesentlichen Unterschied zu einem Vorstellungsgespräch. Eine Einladung zu einem Vorstellungsgespräch erfolgt nur dann, wenn die Bewerbung überzeugt hat. Die Personaler verfügen im Gespräch also schon über ein Vorwissen zum Kandidaten. Bei einer Jobmesse ist das meist nicht der Fall.

Daher gilt es auf einer Jobmesse in jedem Fall darauf vorbereitet zu sein, dass Firmenvertreter konkrete Fragen stellen und schnell auf den Punkt kommen. Sie sind schließlich nicht zum Spaß vor Ort, sondern mit einem konkreten Ziel: passende Talente fürs Unternehmen zu gewinnen. Daher ist eine Vorbereitung auf folgende Fragen ratsam:

- Warum möchten Sie ausgerechnet in unserem Unternehmen arbeiten?
- In welchem Bereich möchten Sie arbeiten?
- Was qualifiziert Sie dazu?
- Was ist Ihr fachlicher Hintergrund?
- Über welche Praxis- und Auslandserfahrungen verfügen Sie?
- Wie mobil und flexibel sind Sie?

Tipp: Personaler schätzen es sehr, wenn man sich kurz und bündig mit seinen Stärken für die gesuchte Position präsentieren kann. Im Vorfeld ist es empfehlenswert eine kurze Selbstpräsentation zu trainieren, mit der individuelle beruflichen Vorstellungen und Qualifikationen präsentiert werden. Der Firmenvertreter hat dann einige Anknüpfungspunkte für das weitere Gespräch. Die Selbstpräsentation sollte aber niemals heruntergeleiert werden oder wie auswendig gelernt klingen.

Trotz aller Anstrengung, die ein Messetag mit sich bringt, schadet es nicht, ein wenig Freude am Besuch der Jobmesse zu haben und diese als Chance zu begreifen. Ein authentisches Lächeln erzeugt Sympathie und die Standmitarbeiter werden es zu schätzen wissen, denn: „Wie man in den Wald hineinruft, so schallt es heraus." Wer also freundlich auf jemanden zugeht, wird erleben, dass auch der andere sich freundlich verhält. Das schafft eine gute Basis für ein erfolgreiches Gespräch.

Als Messebesucher gilt es seine Bewerbungsunterlagen bei sich haben. Die Personaler benötigen in der Regel nicht die kompletten Unterlagen mit allen Zeugnissen, Bescheinigungen und sonstigen Dokumenten. Hier reicht eine Kurzbewerbung bestehend aus Lebenslauf und dem Abschluss- bzw. Zwischenzeugnis. Am besten bringt man gleich mehrere Kopien davon mit, die dann interessierten Unternehmen vor Ort überreicht werden. Der Lebenslauf sollte dabei unbedingt mit einem aktuellen Foto versehen sein. Das trägt dazu bei, dass sich der Firmenvertreter auch bei einer großen Anzahl an Gesprächen im Anschluss an die Jobmesse noch an den Bewerber erinnern kann.

Tipp: Um aus der Masse der Besucher hervorzustechen, kann man auf kreative Bewerbungsformen zurückgreifen, z. B. auf eine „Bewerbungsautogrammkarte" im DIN-A5-Format. Vorne stehen das Bewerbungsbild, der Name und die wichtigsten Infos wie Studiengang und (angestrebter) Abschluss. Auf der Rückseite stehen die wichtigsten Fakten aus dem Lebenslauf (Geburtsdatum, Abitur, Studienschwerpunkte, Thema der Abschlussarbeit, Praktika, Auslandserfahrung, Sprachkenntnisse).

Besucher sollten eine Jobmesse nicht als „Einbahnstraße" verstehen, in dem Sinne, dass die Unternehmen nur die Besucher ausfragen. Umgekehrt sollten auch Bewerber das Unternehmen kennenlernen.

Mit klugen Fragen kann man das Interesse der Mitarbeiter wecken und die Chance auf eine Einladung zu einem „richtigen" Vorstellungsgespräch erhöhen. So ist es möglich z. B. neben Fragen zu den Anforderungen im Job oder dem Ablauf des Bewerbungsprozesses, zur Firmenphilosophie und den Entwicklungsmöglichkeiten, auch die aktuelle mediale Berichterstattung über das Unternehmen anzusprechen.

Wahllos von Stand zu Stand zu ziehen und sich mit Informationsmaterial einzudecken, ist kein guter Plan für die Jobsuche vor Ort. Für den Erstsemester-Studenten mag dies zwar eine gute Gelegenheit sein, sich über berufliche Perspektiven zu orientieren und Studienschwerpunkte zu ermitteln. Wer aber auf der Suche nach einem Studentenjob ist oder den Abschluss geschafft hat und direkt ins Berufsleben starten will, muss planvoll und gezielt vorgehen. Also: das Messeprogramm im Vorfeld studieren und mit etwa einer halben Stunde pro Unternehmen rechnen. Insbesondere bei den bekannten Firmen kann es längere Wartezeiten geben, da die Konkurrenz dort höher ist. Die Zeiteinteilung verhindert außerdem, dass man zu abgehetzt bei dem Wunscharbeitgeber ankommt.

▶   **Tipp:** Das „absolute" Wunschunternehmen ist nicht als Erstes anzusteuern. Am besten platziert man das Unternehmen, das einen am meisten interessiert, an dritter Stelle. So besteht die Möglichkeit, bei den ersten beiden Unternehmen das Vorstellungsgespräch am Stand zu trainieren, Unsicherheit abzulegen, Auftreten und Selbstpräsentation professioneller und souveräner zu gestalten.

Eigentlich ist es eine Selbstverständlichkeit, weder im tief dekolletierten Minikleid noch im Jogginganzug auf einer Jobmesse zu erscheinen – auch nicht, wenn nur ein erster Überblick über mögliche Berufsfelder gewonnen werden soll. Das Sprichwort „Für den ersten Eindruck gibt es keine zweite Chance." trifft auch hier zu.

Der Dresscode für weibliche Bewerber lautet: schlichte Eleganz. Ob Kostüm, Hosenanzug oder Rock mit Bluse – Frauen haben die Auswahl aus verschiedenen Business Casual-Kleidungsvariationen. Das gewählte Outfit sollte vor allem dezent und stimmig sein. Tragen weibliche Bewerber einen Rock, sollte dieser mindestens die Knie bedecken. Jegliche Extreme – zu tiefer Ausschnitt, grelle Farben, zu viel Make-up oder Parfum – sollten Sie vermeiden. In puncto Schmuck hilft die „5-Teile-Regel" – mehr Schmuckstücke müssen es nicht sein.

Der Dresscode für männliche Bewerber heißt: gekonnt gebunden und gebügelt. Männer haben bei der Wahl des richtigen Jobmesse-Outfits weniger Variationsmöglichkeiten als Frauen. Dennoch kann auch hier einiges danebengehen, wenn bestimmte Richtlinien außer Acht gelassen werden. So sollten Männer einen eher dunklen Anzug (Zweiteiler) tragen. Ein sauber gebügeltes Hemd sowie eine farblich passende, richtig gebundene Krawatte gehören dabei zur Grundausstattung. Es gilt auch hier: eher dezent statt auffällig. Schuhe und Gürtel sollten eine farbliche Einheit bilden. Folglich wird ein brauner Gürtel mit braunen Schuhen, ein schwarzer Gürtel mit schwarzen Schuhen kombiniert. Ganz wichtig: keine weißen Socken! Die Socken sollten immer dunkler als die Anzugfarbe sein und bis zur Wade reichen, damit der Mann beim Sitzen kein Bein zeigt.

Für Männer wie für Frauen gilt: bequemes Schuhwerk. An einem Messetag läuft man locker einige Kilometer. Ebenso sind Sitzgelegenheiten oft nur in geringem Maße vorhanden. Natürlich sollten die Schuhe dennoch zum restlichen Outfit passen sowie schlicht, intakt und vor allem gut geputzt sein. Grundsätzlich gilt: keine abgenutzten und abgetretenen Absätze. Frauen sollten außerdem Schuhe mit niedrigen Absätzen wählen.

Auf die Stände der größeren Unternehmen stürmen die Messebesucher nur so ein. Es macht keinen guten Eindruck, zu drängeln. Besser ist es, im Vorfeld herauszufinden, welcher Ansprechpartner des Unternehmens auf der Messe anwesend sein wird. So ist eine Terminabsprache möglich, per XING, Mail oder Telefon.

> **Tipp:** Bei den großen und bekannten Unternehmen wie Daimler herrscht meist ein großer Andrang und somit große Konkurrenz. Es lohnt also auch, einmal einen Blick auf die etwas unbekannteren Firmen zu werfen. Auch hier sind attraktive Arbeitgeber zu finden.

Auch wenn die Anreise zu einer Jobmesse mal etwas weiter ist, macht es keinen guten Eindruck, mit Reiserucksack und zerknitterten Klamotten auf der Messe zu erscheinen. Besser: Das Sakko erst vor der Messe anziehen und den Rucksack an der Garderobe abgeben. Ihr einziges Gepäck sollte ein Aktenkoffer oder eine Handtasche mit Kurzbewerbungen, Schreibblock oder Tablet-PC sein.

Vom Mitbringen eigener Visitenkarten ist übrigens abzuraten. Auf die meisten Personaler hat das eher einen negativen Effekt: Es wirkt überheblich, diese schon als Berufseinsteiger zu verteilen.

Am Stand des Unternehmens angekommen, punktet man mit guter Vorbereitung, wenn man mit geschickten und aktuellen Fragen aufwarten kann, natürlich erst nach der Vorstellung mit Vor- und Nachnamen. Ganz wichtig ist es, ausnahmslos alle am Stand freundlich zu behandeln. Dazu gehört auch die Hostess, die den Kaffee reicht. Bei der Verabschiedung gilt dasselbe, denn das Verhalten am Messestand gibt den Personalverantwortlichen Aufschluss über die soziale Kompetenz. Die zählt neben den fachlichen Qualifikationen zu einem der wichtigsten Einstellungskriterien.

Wer sich nach seinem Jobmessebesuch entspannt zurücklehnen will und auf die nun kommenden Jobangebote wartet, hat falsch gedacht. Eine gute Nachbereitung rundet den Jobmessebesuch ab. Eine kurze E-Mail innerhalb von 48 h mit einem Dank für das Gespräch unterstreicht das Interesse für die angebotene Stelle und hebt einen eventuell von Mitbewerbern ab – auf jeden Fall ruft man sich damit in Erinnerung.

Wo und wann die nächste Karrieremesse stattfindet, dies steht auf www.jobmesse-radar.de, einer der größten und bekanntesten Internetseiten zu dem Thema.

5.8.3   Engagement in virtuellen Fachkreisen

Das Internet ist voll von Möglichkeiten, sich in virtuelle Fachkreise zu integrieren. Hierzu zählen Diskussionsgruppen (z. B. in Netzwerken wie Facebook, XING, LinkedIn, …), Wikis, Frage/Antwort-Seiten, Business Communities, Lernplattformen oder auch offene sowie themenbezogene Autorenportale. Hier besteht die Chance durch eigene Aktivitäten, z. B. in fachbezogenen Texten, die Kompetenz eindrucksvoll darstellen und sich langsam einen Expertenruf aufbauen. Auch dies kann mit der Zeit vielfältige Networking-Chancen bieten sowie bei passenden Stellenausschreibungen ein klarer Pluspunkt sein.

5.8.4   Branchenevents/Vorträge

Auf Vorträgen oder Branchenevents gibt es meist nicht nur interessanten Input, der für die eigene Karriere hilfreich ist, sondern auch viele Leute mit ähnlichen Interessen. Da liegt es nahe, Kontakte zu schließen, sei es durch Diskussionen über die Themen der Veranstaltung, gemeinsame Gruppenarbeiten/Workshops, Mittagessen oder Kaffeepausen – das Kennenlernen geht meist wie von selbst. Für alle eher schüchternen Quereinsteiger: Small Talk üben lässt sich lernen – mit (Noch-) Arbeitskollegen oder in Alltagssituationen, wie etwa beim Friseur.

Key Learnings
- Zwischen 30 und 50 % aller Jobs werden über persönliche Kontakte besetzt.
- Nicht jede vakante Stelle wird ausgeschrieben: Viele Firmen haben einen internen Stellenmarkt, über den viele Stellen nachbesetzt werden. Hier hilft ein Kontakt, um an diese Ausschreibungen zu kommen.
- Als Quereinsteiger stehen die Chancen mit einer Initiativbewerbung am besten.
- Nutzen Sie Kontakte von Freunden, Bekannten und der Familie.
- Messen, Fachkongresse, Branchenevents und Vorträge sind super Kontaktmöglichkeiten, um sich als Bewerber ins Spiel zu bringen. Vorausgesetzt die Vorbereitung, der Dresscode, das Benehmen stimmen und man kann mit guten Smalltalk, Schlagfertigkeit kombiniert mit Zielstrebigkeit überzeugen.

5.9 Durch Probearbeiten, Projektarbeiten oder Werkverträge zum Quereinstieg

Ein Quereinstieg kann auch gelingen, indem man eine gewisse Zeit lang in der Wunschbranche als freier Mitarbeiter oder Selbstständiger startet und als solcher kleinere oder auch größere Projektarbeiten für Unternehmen erledigt, z. B. in Form von Werkverträgen. Gefällt das Resultat, ist der Folgeauftrag nicht weit und kennt man sich und weiß die Qualitäten zu schätzen (auf beiden Seiten), könnte ja die Frage nach dem „Insourcing" aufkommen: Schließlich ist es für Unternehmen oft ab einem gewissen Punkt sinnvoll, Wissen in die Firma zu holen und dort zu halten.

Eine ähnliche Möglichkeit gibt es für Nicht-Selbstständige: Das Probearbeiten, im Grunde eine Form von Projektarbeit ohne langfristige Verpflichtung, kann ebenfalls den Einstieg ermöglichen. Gefallen dem Unternehmen die Arbeitsproben, winkt eine Festanstellung.

Key Learning
- Werkverträge oder projektweise Probearbeiten eröffnen Möglichkeiten für Folgeaufträge oder gar eine Festanstellung.

Fördermöglichkeiten für Quereinsteiger

6

Zusammenfassung

Ein Quereinstieg ist eine besondere Herausforderung, überaus ereignisreich, häufig spannend, anstrengend, sicherlich mit viel Nachdenken verbunden und mit der nötigen Vorbereitung bestimmt von Erfolg gekrönt – eines ist er aber oftmals ebenfalls: teuer.

Quereinsteiger sind häufig auf Fort-, Weiter- oder Ausbildungen angewiesen und benötigen daher einen gewissen finanziellen Rückenwind. Doch dieser Einsatz lohnt sich. Und damit es nicht an den Kosten scheitert, gibt es viele Fördermöglichkeiten, nicht nur für die reinen Lehrgangskosten oder Studiengebühren, sondern auch für Nebenkosten, wie etwa Studienmaterial, Berufskleidung usw.

Die folgenden Möglichkeiten gibt es:

Aufstiegsfortbildungsförderungsgesetz (AFBG): Über das AFBG, oftmals auch „Meister-Bafög" genannt, besteht ein Rechtsanspruch auf die Förderung einer Aufstiegsweiterbildung etwa zum Meister, Fachwirt, Fachkaufmann, Betriebswirt oder Ähnliches. Für Quereinsteiger ist dieses Förderprogramm nur dann spannend, wenn es sich beim Jobwechsel um einen „Aufstieg" handelt. Der angestrebte Abschluss darf dabei nicht oberhalb der Meister-Ebene liegen und führt andererseits entweder zu einem staatlichen oder einem Kammer-, also einem öffentlich-rechtlichen Abschluss (Industrie- und Handelskammer, Handwerkskammer). Außerdem muss die Weiterbildung mindestens 400 Unterrichtsstunden umfassen. Das AFBG fördert die Lehrgangsgebühren und trägt bei Vollzeitlehrgängen auch einen Beitrag zum Lebensunterhalt (auf Antrag auch verlängerbar). Der Zuschuss zu den Lehrgangsgebühren ist vom Einkommen sowie Vermögen abhängig und enthält eine nicht rückzahlbare Unterstützung von 30,5 % sowie ein zunächst (bis zu sechs Jahren nach Beendigung der Maßnahme) zins- und tilgungsfreies Darlehen, das

S. Rippler, B. Woischwill, *Erfolgreich als Quereinsteiger*,
DOI 10.1007/978-3-658-00869-7_6, © Springer Fachmedien Wiesbaden 2014

in Anspruch genommen werden kann, aber nicht muss. Bei Bestehen der Prüfung werden 25 % des Darlehens erlassen. Alle Details unter www.meister-bafoeg.info.

Bildungsprämie: Arbeitnehmer und Selbstständige, die mindestens 15 h in der Woche arbeiten und dabei über ein versteuerndes Einkommen verfügen, das 20.000 € nicht übersteigt, können eine Bildungsprämie beantragen. Mütter und Väter, die sich in Elternzeit befinden, können ebenfalls einen Gutschein erhalten. Die Höhe dieser Prämie beläuft sich auf maximal die Hälfte der Weiterbildungskosten, maximal jedoch nur 500 €. Innerhalb von zwei Jahren kann jeder maximal einen Gutschein nutzen. Voraussetzung für die Förderung ist eine im Vorfeld stattfindende Beratung, in der die Notwendigkeit der Weiterbildung dargelegt werden muss. Ein Rechtsanspruch auf die Prämie besteht nicht. Alle Infos unter: www.bildungspraemie.info.

Begabtenförderung: Junge Fachkräfte mit abgeschlossener Berufsausbildung, die noch keine 25 Jahre alt sind und die Gesellen- oder Abschlussprüfung mit einer Durchschnittsnote von mindestens 1,9 oder besser abgeschlossen haben, steht ein Förderbetrag von bis zu 5.100 € (über 3 Jahre) zu. Beim Maximalalter von 25 Jahren werden besondere Ausfallzeiten wie Mutterschutz, Elternzeit, Wehrdienst, Bundesfreiwilligendienst oder soziale Jahre berücksichtigt. Die Stipendiaten können 1.700 € pro Jahr für Weiterbildungsmaßnahmen beantragen – bei einem Eigenanteil von höchstens 180 € pro Jahr. Förderfähig sind anspruchsvolle, in der Regel berufsbegleitende Weiterbildungen, wie beispielsweise Meisterkurse. Alle Infos unter: http://www.sbb-stipendien.de/weiterbildungsstipendium.html.

Sonstige Fördermöglichkeiten: Fördermöglichkeiten für Weiterbildungsmaßnahmen gibt es für Quereinsteiger viele, einige davon „nur" auf Landesebene, einige auf Bundes- und manche sogar auf Europa-Ebene. Eine umfassende Datenbank mit allen Angeboten gibt es hier: www.foerderdatenbank.de: einfach als Fördergebiet das entsprechende Land auswählen, unter Förderberechtigte „Privatperson" und unter Förderbereich „Aus- und Weiterbildung" auswählen und auf „Finden" klicken.

Key Learnings

- Fort-, Weiter- oder Ausbildungen sind oft ein Muss.
- Einen Quereinstieg muss man sich finanziell leisten können. Qualifizierungsmaßnahmen sind schließlich oft teuer.
- Doch dieser Einsatz lohnt sich.
- Es gibt viele Fördermöglichkeiten, nicht nur für die reinen Lehrgangskosten oder Studiengebühren, sondern auch für Nebenkosten, wie etwa Studienmaterial, Berufskleidung usw.

Berufliche Ziele, Wege und Erfolge 7

Zusammenfassung

In diesem Kapitel zeigen wir Ihnen, was bei einer konstruktiven und zielorientierten Auseinandersetzung mit der eigenen Persönlichkeit zu beachten ist und worauf es bei einer authentischen beruflichen Zielsetzung ankommt.

Die Erfahrung zeigt: Wer kein Ziel vor Augen hat, für den ist jeder Weg sowohl richtig als auch falsch. Auch für berufliche Quereinsteiger gilt deshalb, sich mit dem Thema Ziele zu beschäftigen: Welche beruflichen Ziele habe ich? Welche Branchen finde ich interessant? In was für einem Arbeitsumfeld, z. B. innovativ, kreativ oder eher konservativ, möchte ich arbeiten? Und wo will ich eigentlich arbeiten? Sind häufige nationale sowie internationale Dienstreisen für mich akzeptabel oder strebe ich sie vielleicht sogar an? Welche Rolle spielt das Thema Work-Life-Balance für mich? Wie harmonieren meine beruflichen Ziele mit meinem Privatleben, mit meiner Familie und meinen Freunden? Welche Werte und Prinzipien, z. B. Umweltschutz oder ein bestimmter Führungsstil, sind mir wichtig? Welche Prioritäten habe ich bei all meinen Zielen und welche kurz-, mittel- sowie langfristigen Ziele strebe ich an? Bewerbungs- und Karrierecoach Jürgen Hesse ergänzt hierzu in einem Gespräch: „Eine individuelle Bestandsaufnahme von beruflichen und persönlichen Zielen hilft eine grundlegende Klarheit zu gewinnen, um Entscheidungen für oder gegen einen bestimmten beruflichen Weg viel fundierter angehen zu können."

Ein Beispiel für ein konkretes berufliches Ziel könnte lauten: „In den nächsten ein bis zwei Jahren möchte ich durch einen Branchenwechsel vom Maschinenbau in die Medienbranche meine organisatorischen und kommunikativen Stärken im Projektmanagement ausbauen. Notwendige Medien-Skills werde ich mir durch Weiterbildungen aneignen. Insgesamt strebe ich bundesweit eine Vollzeitstelle in einer Großstadt an. Mittelfristig bin ich an einer Führungsposition in diesem Bereich interessiert."

S. Rippler, B. Woischwill, *Erfolgreich als Quereinsteiger*,
DOI 10.1007/978-3-658-00869-7_7, © Springer Fachmedien Wiesbaden 2014

Gerade auch die Frage hinsichtlich möglicher Ortswechsel bzw. die geografische Mobilität scheint nicht ganz unwichtig zu sein. Für den erfolgreichen Quereinstieg ist sie ein sehr wichtiger Aspekt, erklärt Karriereberaterin Svenja Hofert in einem Gespräch: „Geografische Flexibilität ist eine zentrale Grundvoraussetzung."

Die Grundlage für die Formulierung von authentischen beruflichen Zielen ist die Auseinandersetzung mit den eigenen Stärken, Talenten, bisherigen Erfolgen, aber auch Schwächen. Es gilt das eigene berufliche Profil zu kennen, um Ziele definieren zu können, die auch realistisch sind, die auch wirklich erreicht werden können. Man muss innerlich wirklich von seinen Talenten und den hierzu passenden Zielen überzeugt sein. Denn wer von sich selbst nicht überzeugt ist, der wird auch beispielsweise bei der Bewerbung oder im Vorstellungsgespräch kaum jemanden überzeugen können. Karriereberaterin Svenja Hofert beschreibt diese Perspektive wie folgt: „Selbstbewusstsein und Erfolg hängen unmittelbar zusammen. Die Unterschiede bei Karrieren liegen eher weniger in fachlichen Bereichen, sondern eher im kommunizierten Ego und den damit verbundenen Visionen."

In diesem Zusammenhang kann auch nicht die Bedeutung von Vitamin B bzw. von beruflichen Kontakten ignoriert werden. „Quereinstiege laufen selten über die Personalabteilung. Kontakte und nützliche berufliche Verbindungen sind deshalb unerlässlich", bringt es Svenja Hofert auf den Punkt. Lars Hahn, Geschäftsführer der LVQ Weiterbildung gGmbH, hat dafür die Formulierung „systematisch Kaffeetrinken" geprägt und erklärt in einem Interview: „Diese Gespräche sollten Informationsgespräche sein, um gezielt wichtiges berufliches Wissen zu erlangen. Natürlich macht man sich auf diesem Wege dann auch bekannt und kann wertvolle Branchenkontakte knüpfen".

Also: Netzwerken, Netzwerken, Netzwerken! In Gesprächen mit Leuten, die in Firmen oder Branchen arbeiten, die interessant erscheinen, können wertvolle Informationen erlangt werden, die dann eine realistische Beurteilung erlauben, ob bestimmte Ziele wirklich erstrebenswert sind. Außerdem können mit diesen Informationen viel konkreter und passgenauer Bewerbungsunterlagen erstellt werden, was ein nicht ganz unwichtiger Aspekt ist.

Nicht alle Hürden, die mit einem beruflichen Quereinstieg verbunden sind, sind alleine zu meistern. Fachkundige Berater, z. B. Bildungsexperten, Coaches oder Bewerbungsberater, können wertvolle Impulse für die Zielerreichung geben. Aber auch die richtige Fach- bzw. Ratgeber-Literatur gilt es im Auge zu behalten. Auch hier können manchmal wichtige Informationen oder Ratschläge die Zielerreichung erleichtern.

Zielerreichung bedeutet auch, dass Ziele in Teilziele bzw. Zwischenschritte zu unterteilen sind. Kein Abteilungsleiter ist als Abteilungsleiter zur Welt gekommen. Und kein erfolgreicher Quereinstieg fällt einfach so vom Himmel. Innerhalb des

Quereinstiegs-Projekts gilt es gewisse Teilschritte zu absolvieren, z. B.: Informationseinholung, Gründe des Jobwechsels erarbeiten, Ziele definieren, mögliche Stellen recherchieren, Bewerbungen schreiben, etc. Diese Zwischenstufen gilt es zu kennen und dann Schritt für Schritt in Angriff zu nehmen. Es gilt den richtigen, passenden Weg zu suchen, ihn zu finden und zu verfolgen. Wenn wir von Zielen reden, so ist natürlich auch Ausdauer ein relevanter Aspekt. Ohne die notwendige Zielstrebigkeit wird es schwierig die oftmals zahlreichen Zwischenschritte zu absolvieren. Ausdauer ist auch notwendig, wenn das ganze Quereinstiegs-Projekt vielleicht eher langsam voran kommt oder auch mal zwischendurch ein Rückschritt verkraftet werden muss. Wichtig ist auch zu wissen, dass der Quereinstieg kein Manko im Lebenslauf darstellt oder als letzter, eher schlechter Ausweg zu betrachten ist. „Quereinstiege sind häufiger in der Berufswelt anzutreffen, als man denkt, und das Thema Quereinstieg wird in der Zukunft weiter an Bedeutung im Arbeitsmarkt gewinnen.", erklärt Lars Hahn.

Nicht zuletzt sollte der Begriff Erfolg individuell definiert werden: Beruflicher Erfolg bedeutet nicht zwangsläufig, dass 75.000 € im Jahr plus Umsatzbeteiligung verdient werden. Manche Leute mag dies vielleicht glücklich machen. Aber dieser Maßstab gilt nicht für jeden Menschen. Beruflicher Erfolg kann auch bedeuten, dass man in seiner Wunschfirma in einem harmonischen Arbeitsumfeld tätig ist, das man sehr schätzt. Beruflicher Erfolg kann aber auch bedeuten, dass man nach einer beruflichen Neuorientierung eine neue Ausbildung absolviert hat und hierzu auch einen passenden Arbeitsplatz gefunden hat. Beruflicher Erfolg kann ebenfalls bedeuten, dass man den Quereinstieg in eine bisher ungewohnte Branche geschafft hat und hier als wertvoller, produktiver Mitarbeiter geschätzt wird. Beruflicher Erfolg hat viele Facetten, weshalb die populären Maßstäbe Geld oder Macht nicht in den Vordergrund geraten und alles weitere ausblenden. Hinzu kommt: Beruflicher Erfolg ist oft nicht konstant. Es gilt vielmehr tagtäglich eine innere berufliche Zufriedenheit zu erlangen, z. B. durch gut beratene Kunden oder professionell ausgeführte Projektarbeiten.

„Man wird immer dort besser und erfolgreicher sein, wo man sich mit Dingen beschäftigt, die man wirklich gerne macht und deshalb dann auch gut macht sowie sich leichter weiterentwickeln wird", fasst es Jürgen Hesse zusammen.

Key-Learnings
- Konkrete Ziele helfen bei der Entscheidung für den richtigen Weg.
- Gute Kontakte sind nahezu unerlässliche Unterstützer.
- Erfolg wird stets sehr individuell definiert.

Die passende Bewerbung

Zusammenfassung

Bei der Bewerbung als Quereinsteiger sind eine ganze Reihe an wichtigen Punkten zu beachten, denn es gilt im gesamten Bewerbungsprozess bestmöglich zu überzeugen. Mit fundierten Ratschlägen sowie vielen Tipps und Tricks zeigen wir Ihnen, wie Sie mit Ihrer Bewerbung beim Jobwechsel erfolgreich punkten.

Das Wort Bewerbung hat eine unübersehbare Ähnlichkeit mit dem Wort Werbung. Wir leben in einer Welt voller Werbung. Und gute Werbung ist auch erfolgreiche Werbung, verleitet uns zum Konsum, führt zu neuem Umsatz und erfreut in der Konsequenz die Firmenchefs. Auch bei beruflichen Quereinsteigern darf sich eine gute Bewerbung durchaus an guter Werbung orientieren. Es gilt in prägnanter, klarer und verständlicher Weise den richtigen Ansprechpartnern bzw. Zielgruppen eine Botschaft zu übermitteln, die Interesse weckt und neugierig macht. Eine Bewerbung, die im übertragenen Sinne vermittelt: „Ihr nehmt mich ja doch nicht, denn als Quereinsteiger passe ich ja auch nicht so richtig zu den gewünschten Anforderungskriterien", wird nicht viel bewirken bzw. nicht erfolgreich sein. Natürlich gilt es, den Bogen auch nicht zu überspannen. Wer im Stil von „Ich kann alles. Ich bin ihr Kandidat für alle Herausforderungen. Ich kann alle Aufgaben zu 100 % perfekt bearbeiten" agiert, der wird eher Misstrauen erzeugen, da eine solche Strategie wenig glaubwürdig ist. Versuchen Sie das Schlüssel-Schloss-Prinzip im Hinterkopf zu behalten: Die Firmenerwartungen und Ihr Profil sollten möglichst gut zusammenpassen. „Wer geschickt die Wünsche auf der Unternehmensseite berücksichtigt und gleichzeitig als eigenständige, interessante, motivierte und vertrauenswürdige Persönlichkeit wahrgenommen wird, dem öffnen sich die Firmentüren viel leichter", stellt Jürgen Hesse fest. „Die zentrale Frage ist die eigene Botschaft. Wie lautet sie, wurde sie eindrucksvoll vermittelt und ist sie für den Arbeitgeber relevant?", ergänzt Jürgen Hesse.

S. Rippler, B. Woischwill, *Erfolgreich als Quereinsteiger*,
DOI 10.1007/978-3-658-00869-7_8, © Springer Fachmedien Wiesbaden 2014

Noch ein kleiner, aber wichtiger Exkurs: Wenn wir über Werbung und Selbst-marketing reden, so gilt es auch beim Thema E-Reputation zu punkten. Sollten Personaler den Bewerber-Namen bei Suchmaschinen eingeben, so ist es ratsam wenn hier beruflich relevante oder zumindest keine widersprüchlichen, problema-tischen Informationen aufgelistet werden. Die eigene E-Reputation ist ein kontinu-ierliches Projekt, das in der Zukunft noch viel wichtiger werden wird, da wir uns mehr und mehr in Richtung einer digitalen Gesellschaft bewegen.

Halten wir fest: Am Anfang einer erfolgreichen Bewerbungs-Kampagne steht also die intensive Auseinandersetzung mit der jeweiligen Firma und der eigenen beruflichen Situation: Welche Herausforderungen erwarten hier neue Mitarbeiter? Welche Erwartungen werden an Bewerber gestellt? Welche Ziele verfolgt das Un-ternehmen generell? Was kann über die Firma recherchiert werden, z. B. durch PR-Aktivitäten oder Firmenpublikationen? Welche Unternehmensphilosophie wird hierbei sichtbar? Warum will ich den Quereinstieg?

Zur Vorbereitung einer Bewerbung empfiehlt es sich Situationen zu suchen, an die dann z. B. im Anschreiben anknüpft werden kann. Job- und Fachmessen, Tag der offenen Tür oder auch das Telefonat vorab sind hierfür sehr gut geeignet. Ge-rade ein solches Telefonat erfordert dann aber auch eine gewisse Professionalität. Oder anders formuliert: Man muss telefonieren können. Es reicht nicht aus, sich einfach nach offenen Stellen zu erkundigen oder bestimmte Anforderungskriterien einer Stellenausschreibung zu hinterfragen. Es gilt das eigene Profil möglichst inte-ressant, aber auch prägnant vorzustellen, um Interesse zu wecken und die Chancen im Bewerbungsprozess zu steigern.

Inhaltlich gilt es beispielsweise im Vorstellungsgespräch nach der VGZ-Formel zu argumentieren: „Welche Erfolge habe ich aus der Vergangenheit vorzuweisen? Wo stehe ich aktuell? Und welche Ziele habe ich für die Zukunft?", so erklärt Jürgen Hesse das VGZ-Modell.

Gerade als beruflicher Quereinsteiger ist eine professionelle Selbstpräsentati-on, die Kommunikation eines klaren Profils sowie einer für die jeweilige Firma relevanten Botschaft essentiell wichtig. Jürgen Hesse fasst die Anforderungen an eine erfolgreiche Bewerbung in zwei Sätzen zusammen: „Die erfolgreiche schrift-liche Bewerbung – ob nun online oder per Post verschickt – bringt jeweils sehr individuell bei den richtigen Ansprechpartnern die zur jeweiligen Stelle passenden Verkaufsargumente für das eigene Berufsprofil möglichst prägnant und gleichzeitig aussagekräftig auf den Punkt. Als Leitlinien sind hierfür die Aspekte Kompetenz, Leistungsmotivation sowie Persönlichkeit (K, L, P) von besonderer Bedeutung."

Ein Faktor, der bei der Online-Bewerbung nicht vernachlässigt werden kann: Beweisen Sie eine gewisse Medienkompetenz. Das Gegenteil wird demonstriert wenn alle Dokumente, also z. B. Anschreiben, Deckblatt, Lebenslauf, Zeugnisse, einzeln per E-Mail verschickt werden. Die Empfehlung lautet deshalb ein Dokument, möglichst als PDF und mit einem aussagefähigen Dokumentennamen versehen. Aber auch ein aktueller Virenscanner – keine Firma wünscht sich infizierte Bewerber-Mails – gehört zum Standardprogramm einer professionellen Internet-Bewerbung. Hinzu kommen Details wie z. B. eine Adress-Signatur in der eigenen E-Mail, eine angemessene Dateigröße vom E-Mail-Anhang (ca. 3 MB) sowie eine passende Betreffzeile.

Ob nun offline oder online: Ratsam ist es generell mit einer Bandbreite an verschiedenen Bewerbungsaktivitäten im Markt zu agieren. Neben den klassischen, vollständigen und mit einem passenden Layout gestalteten Bewerbungsunterlagen ist die Kurzbewerbung auf einer DIN A4-Seite eine interessante Option, um Interesse zu wecken und dann ausführliche Unterlagen folgen zu lassen. Aber auch individuell gestaltete Visitenkarten, beispielsweise mit einem Foto, sind vor allem auf Messen- und Networking-Events eine empfehlenswerte Variante. Ebenfalls eine interessante und wichtige Überlegung sind Business Communities wie z. B. Xing. com. Hier können sehr innovativ Jobangebote, Firmen und Ansprechpartner recherchiert sowie dann direkt auch die Unterlagen versendet werden. Ein professionelles Xing-Profil, beispielsweise mit aussagefähigen Angaben unter „Ich biete" und „Ich suche" ist hierfür natürlich die Grundvoraussetzung. Portale wie Xing eignen sich übrigens auch ideal für engagiertes, unkompliziertes berufliches Networking. Man kann quasi direkt von zu Hause aus vielfältigste, unzählige Kontakte aufbauen und pflegen. Wenn Sie ein Profil bei Xing erstellt haben, empfiehlt es sich die Profil-Adresse in den Bewerbungsunterlagen zu erwähnen. Eine solche Information ist zeitgemäßer, als die Angabe einer eigenen Fax-Nummer.

Inhaltlich sollten Bewerbungsunterlagen von Quereinsteigern wie auch von allen anderen Bewerbern durch Sorgfalt, Klarheit und Verständlichkeit überzeugen. Wenn man sich mit einem eher unüblichen Lebenslauf bewirbt, so ist ein Deckblatt durchaus empfehlenswert. Hier kann unter einem professionellen und Sympathie weckendem Foto eine Formulierung im Stil von „Mein Profil" mit wenigen Stichpunkten für Klarheit sorgen, welche Stärken und Fähigkeiten den Bewerber auszeichnen.

„Bei Quereinsteigern sollten in den Bewerbungsunterlagen die Kompetenzen im Vordergrund stehen und nicht die Abfolge vom Lebenslauf. Dafür lohnt es sich ein sogenanntes Kompetenzprofil völlig losgelöst von den Stationen des Werdegangs zu erstellen.", ergänzt Lars Hahn. Ebenfalls für Quereinsteiger in besonderer Weise eine interessante Option ist die so genannte Dritte Seite. Nach der Auflistung der Lebenslauf-Daten folgt hier eine Seite, auf der unter einer Überschrift wie z. B. „Mein Weg, mein Ziel" oder „Meine Motivation" nochmals individuell auf bestimmte Aspekte des beruflichen Werdegangs und/oder Profils eingegangen werden kann. Auf diese Weise kann vielleicht der gewünschte Quereinstieg noch besser begründet werden.

Bewerbung kostet Zeit und Energie, weshalb es als eigenständiges Projekt zu verstehen ist. Nicht umsonst gibt es die Formulierung Bewerbungsprozess. Wichtig ist, dass sein eigener beruflicher Werdegang verständlich sowie interessant präsentiert werden kann, und hierbei vor allem die Kompetenzen hinter den bisherigen beruflichen Positionen sichtbar werden. Wenn auf der Berufsbezeichnung vielleicht Chemiker stand, so hat man doch auch analytische Fähigkeiten oder mathematisch-logische Kompetenzen bewiesen, die in einer ganz anderen Branche, also bei einem Quereinstieg, doch auch sehr wertvoll sind. Diese Kommunikationsarbeit ist für eine erfolgreiche Bewerbung sehr wichtig. „Übertragbare Fähigkeiten – das sind Fähigkeiten, die man in sehr unterschiedlichen Berufen anwenden kann. Und die Erfahrung zeigt, dass selbst in anspruchsvollen Berufen die übertragbaren Fähigkeiten überwiegen", erklärt Lars Hahn. Von daher ist die Identifikation der eigenen übertragbaren Fähigkeiten und deren Kommunikation im Bewerbungsprozess ein wichtiger Erfolgsfaktor.

Im Vorstellungsgespräch ist dann die letzte große Bewerbungshürde zu überspringen. Für Jürgen Hesse geht es auch bei Quereinsteigern im Vorstellungsgespräch um folgende wichtige Frage: „Wer sind Sie?", „Warum bewerben Sie sich bei uns?" und „Welche Argumente sprechen für Sie?". Diese Fragen sollten vorbereitet sein; ebenso wie die beliebte Frage nach den individuellen Stärken und Schwächen. Und: Als Bewerber sind auch eigene Fragen erlaubt. Verschieben Sie Gehaltsfragen ans Ende des Gesprächs und thematisieren Sie zunächst erste Aufgaben, mögliche interne Weiterbildungen, den konkreten Einsatzort, Dienstreisen oder auch die Struktur von Feedbacks. Bedenken Sie auch, dass Sie nicht alle Fragen im Vorstellungsgespräch sofort beantworten müssen, da es auch viele unerlaubte Themen gibt. Hier empfiehlt sich dann z. B. die Rückfrage: „Gibt es einen Grund, warum Sie genau danach fragen?"

Noch ein Wort zum Thema Lücken im Quereinsteiger-Lebenslauf. Wenn nun gerade die letzten Monate durch eine fehlende Anstellung bzw. eine Zeit der Arbeitslosigkeit gekennzeichnet sind, so darf die Beschäftigung mit dem Thema Quereinstieg durchaus im Lebenslauf erwähnt werden. „Berufliche Neuorientierung, Weiterbildung, Sabbatical" sind Stichwörter, die auf einen Bruch im beruflichen Werdegang aufmerksam machen und die den Quereinstieg nochmals deutlich sowie vor allem nachvollziehbar machen.

Key-Learnings
- Bewerbung und Werbung in eigener Sache gehören zusammen.
- Zur Bewerbung gehört eine intensive Auseinandersetzung mit dem Arbeitgeber und den Gründen für den Quereinstieg.
- Übertragbare Fähigkeiten sollten hervorgehoben werden, nicht die Abfolge der Jobs im Lebenslauf.

Erfolgreich in der Probezeit und der weiteren Karriere

Zusammenfassung

Der erste Eindruck zählt – auch in der beruflichen Probezeit. Es gilt nicht nur mit den Bewerbungsunterlagen zu überzeugen, sondern sich in der Probezeit ebenfalls bestmöglich zu präsentieren. Wir erklären Ihnen, wie Sie sich als Quereinsteiger in dieser besonderen Phase verhalten sollten, damit Ihre Karriere nicht unerwartet in Turbulenzen gerät.

„Die Bewerbung hört mit der Unterschrift unter dem Arbeitsvertrag noch längst nicht auf, denn auch in der Probezeit gilt es sich den anderen Kollegen vorzustellen und einen guten, sympathischen Eindruck zu hinterlassen.", so Karriere-Autor Jürgen Hesse. Die Integration am Arbeitsplatz erfolgt hierbei schrittweise und sollte aktiv gesteuert werden. Hierzu gehört motiviert die Aufgabengebiete vollständig zu erfassen, gut zuhören, aber auch kluges nachfragen sowie ein waches, interessiertes Auge, um typische Abläufe, Dienstwege, Verhaltensregeln, Erwartungen sowie generell die Unternehmenskultur erfassen zu können. „Kluges Nachfragen ist nicht nur empfehlenswert, sondern auch notwendig, um sich am neuen Arbeitsplatz auch zurechtfinden zu können. Man kann als neuer Mitarbeiter und Quereinsteiger einfach bestimmte Dinge nicht wissen. Das ist doch gar nicht möglich", erklärt Lars Hahn.

Wenn wir von Integration sprechen, so ist auch die eigene Integrität gefragt. Integrität gegenüber früheren Arbeitgebern ist unerlässlich, um sich in der Probezeit als vertrauenswürdiger und seriöser Mitarbeiter zu etablieren. Diese Integration funktioniert als Prozess, wobei Karriere generell als Prozess zu verstehen ist. Schritt für Schritt ist im Austausch mit der Firma ein produktiver Weg zu finden, der die Interessen auf beiden Seiten berücksichtigt, da nur auf diese Weise eine langfristig erfolgreiche Zusammenarbeit möglich ist. In diesem Zusammenhang sind Feedbacks unerlässlich, die aktiv eingefordert werden sollten und normalerweise auch in regelmäßigen Abständen von der Firmenseite initiiert werden. Fehler sind hier-

S. Rippler, B. Woischwill, *Erfolgreich als Quereinsteiger,*
DOI 10.1007/978-3-658-00869-7_9, © Springer Fachmedien Wiesbaden 2014

bei ganz normal. Noch nie ist im Berufsleben ein perfekter Meister quasi vom Himmel gefallen. Wichtig ist eben nur, aus Fehlern zu lernen und diese dann möglichst nicht mehr zu wiederholen.

Der weitere Karriereverlauf ist bei beruflichen Quereinsteigern wie auch generell im Arbeitsleben idealerweise von einer kurz-, mittel- und langfristigen Perspektive geprägt. Wer sich als Problemlöser für bestimmte Herausforderungen profiliert, der sollte auch hierbei immer seinen Markt im Auge behalten: Wie entwickelt sich der Arbeitsmarkt? Welche neuen Trends sind zu beobachten? Werden vielleicht bestimmte Weiterbildungen für mich relevant? Welche Kompetenzen, z. B. Fremdsprachen oder EDV-Kenntnisse, sollte ich vielleicht einmal wieder auffrischen? Welche Erwartungen haben Arbeitgeber an zukünftige Bewerber bzw. Mitarbeiter? Wie kann ich meine Talente und Stärken hieran orientieren? Wer sich mit diesen Fragen beschäftigt, dann klug agiert und somit seinen Marktwert steigert, der hat auch zukünftig im Arbeitsmarkt sehr gute Karten. Svenja Hofert fasst zusammen: „Die besseren Weichen im Arbeitsleben stellt der, der sein Schicksal bzw. sein Glück frühzeitig in die Hand nimmt und nicht wartet, bis der Zug auf einem Abstellgleis zum stehen gekommen ist."

Key-Learnings

- Der erste Eindruck zählt: Gerade in der Probezeit gilt es, sich von der besten Seite zu zeigen.
- Nachfragen und Informationen aufsaugen ist besonders in der ersten Phase eines neuen Jobs essenziell.
- Die Integration am neuen Arbeitsplatz verläuft schrittweise.
- Die weiteren Karriere-Schritte sind aktiv und engagiert anzugehen.

Experten-Interviews: Das sagen Vertreter von Firmen und Institutionen

10

Zusammenfassung

In diesem Abschnitt finden Sie überaus interessante Gespräche mit Quereinsteiger-Experten sowie sehr aufschlussreiche Interviews mit Personalern und Führungskräften, die Quereinsteiger eingestellt haben bzw. bereits Erfahrungen mit Jobwechslern gemacht haben.

10.1 Interview mit Simone Wamsteker von Accenture

Quereinsteiger sind gut für heterogene, interdisziplinäre Teams

Ein Interview mit **Simone Wamsteker,** bei der Unternehmensberatung Accenture verantwortlich für Recruiting im deutschsprachigen Raum.

► **Wie wird das Thema Quereinsteiger bei Accenture behandelt bzw. welche Chancen gibt es hier für berufliche Quereinsteiger?** *Das Thema Quereinsteiger ist generell in der Beratung ein relevanter Aspekt, gerade auch vor dem Hintergrund, dass für die anstehenden Aufgabengebiete heterogene, interdisziplinäre Teams zur Erzielung kreativer, innovativer Problemlösungen sehr erstrebenswert sind. Und dieser Ansatz hat sich durchaus als sehr erfolgreich erwiesen. Bei Accenture haben wir in unseren Teams einen großen Anteil an Natur- und Geisteswissenschaftlern. Das Besondere bei Accenture ist das sehr breite Spektrum an Kunden und Fragestellungen sowie auch die sehr unterschiedlichen Tiefen, mit der Herausforderungen bearbeitet werden. Das heißt, für uns sind Bewerber bzw. Mitarbeiter wichtig, die sich schon mal intensiver mit einem Thema ausein-*

andergesetzt haben und Kompetenz, z. B. bei IT-Fragestellungen oder fachspezifische Prozessen, vorweisen. Zusätzlich haben wir durch unser starkes Standbein im Bereich IT ein besonderes Interesse an Fachinformatikern, mit denen wir schon sehr viel gute Erfahrungen gesammelt haben. Wobei wir hier auch bereits das Beispiel hatten, dass jemand nicht zu Ende studiert hat, 40 Jahre alt ist und sich aber in den letzten Jahren sehr intensiv mit Java-Programmierung beschäftigt hat. Er selbst glaubte nicht, dass er für uns interessant ist. Aber mit wollten natürlich sehr gerne mit ihm reden, ihn näher kennen lernen, denn genauso jemand wie ihn suchen wir. Über solche vielleicht auch ungewöhnlichen Lebensläufe bereichern wir unsere Teams ungemein, denn es hilft uns extrem, um bei den Kunden die richtigen Lösungen erarbeiten zu können.

Es war generell schon immer wichtig. Allerdings hat sich das Spektrum erweitert. Wir schauen beispielsweise nicht, ob wir eine interessante Stelle für einen Kandidaten haben, sondern wo in unserem Unternehmen passt dieser Kandidat am besten hin. Auf diese Weise lösen wir dann auch das Thema Quereinsteiger oder klassischer Berater-Lebenslauf vollkommen auf. Wir schauen uns den Kandidaten ganz genau an und prüfen dann – auch weil wir ein ganz besonders breites Portfolio haben – wo er am besten hin passt. Dies ist auch mit den Phänomenen Fachkräftemangel und demographischer Wandel verbunden, die wir auch spüren.

▸ **Gibt es bei Accenture bestimmte Aus- und Fortbildungsmöglichkeiten für Quereinsteiger?** *Wir investieren extrem viel in unsere Mitarbeiter, die unser höchstes Gut sind. Hierbei ist eine individuelle Anpassung des Trainingsplans an die jeweiligen Vorkenntnisse sehr bedeutsam. Es gibt ein bestimmtes Curriculum, das grundlegend für alle Mitarbeiter von Bedeutung ist und gewisse fachliche Kompetenzen sowie Soft Skills vermittelt. Darüber hinaus schauen wir, was der einzelne Mitarbeiter noch braucht, um bei uns erfolgreich zu sein, beispielsweise im Bereich Projektmanagement.*

▸ **Noch einmal konkret nachgefragt: Können Sie bitte etwas genauer auf das Thema Soft Skills eingehen? Gibt es einen zentral wichtigen Soft Skill? Oder gibt es mehrere, die von Bedeutung sind?** *Das Thema Soft Skills ist wichtig. Ohne Frage. Und es gilt natürlich für den Recruiting-Bereich die Leute mit den richtigen Soft Skills herauszufiltern. Von besonders großer Bedeutung bei uns ist die Teamfähigkeit. Abseits* *davon kommt es darauf an, welchen beruflichen Weg derjenige dann bei uns einschlägt. Bei manchen Laufbahnen sind Entrepreneur-Skills wichtig, bei anderen ist eher die fachliche Expertise wichtig. Das muss man individuell dann betrachten.*

▶ **Welche Rolle bzw. welchen Stellenwert hat der Soft Skill „zuhören können"?** *Je weiter sie in ihrer Karriere voran schreiten, umso wichtiger wird diese Fähigkeit. Wenn sie mit den Kunden zusammen sitzen, so müssen sie schon sehr genau zuhören, sehr genau verstehen, was das eigentliche Problem bzw. die eigentliche Herausforderung ist. Ist es tatsächlich das, was er selbst vorgibt oder erkennt? Zuhören können und auch Zwischentöne zu verstehen – all dies hat eine hohe Relevanz.*

▶ **Worauf kommt er bei der Bewerbung an, also wenn man sich als Quereinsteiger bewirbt?** *Grundsätzlich freuen wir uns über jede Bewerbung und prüfen ganz individuell, an welchem Platz in unserem Unternehmen derjenige passend mitarbeiten könnte. Bei diesem Prozess hilft es natürlich, wenn der Bewerber möglichst gut sein Profil erklären kann und hierbei vielleicht auch abseits von bisherigen Jobbezeichnungen die unter der Oberfläche vorhandenen Fähigkeiten, wie z. B. Projektmanagement oder analytische Fähigkeiten, konkret benennen kann. Meine generelle Empfehlung für Bewerber ist, sich vorab mit dem Unternehmen zu beschäftigen und zu schauen, worin es spezialisiert ist, welche Schwerpunkte hier im Mittelpunkt stehen und was diesen Arbeitgeber in besonderer Weise ausmacht.*

▶ **Wie sollte man sich als Quereinsteiger in der Probezeit bestmöglich verhalten?** *Ich glaube, dass sich hier die Probezeit bei einem Quereinstieg im Vergleich zu einem „normalen" Einstieg nicht sehr unterscheidet. In dieser ersten Phase geht es sehr stark darum intensiv sowie engagiert zu schauen, wie reagiere ich auf dieses Unternehmen und wie reagiert dieses Unternehmen auf mich. Wo sind gemeinsame Anknüpfungspunkte? Hier gilt es dann dem ganzen Projekt die Chance zu geben, Gemeinsamkeiten zu finden. Gerade bei einem Quereinstieg würde ich Geduld und eine positive Grundeinstellung als wichtige Voraussetzung betrachten. Meine Empfehlung ist mit der notwendigen Offenheit und einer gewissen positiven Neugier in die Probezeit zu gehen.*

Key-Learnings
- Auch ungewöhnliche Lebensläufe haben gute Chancen.
- Maßgeschneiderte Trainings-Programme sorgen für den optimalen Job-Einstieg.
- Bewerber sollten das eigene Profil individuell und verständlich darstellen.

10.2 Interview mit Julian Katz von BASF

BASF & Quereinsteiger: Die Chemie stimmt.

Ein Interview mit Herrn **Julian Katz**, GP/AS Steuerung lokaler Arbeitsmarkt – Projekte/Konzeption bei der BASF, über ein besonderes Qualifizierungsprogramm, das speziell für Quereinsteiger konzipiert wurde.

▸ **Bei der BASF gibt es ein besonderes Qualifizierungsprogramm, das sehr gut für Quereinsteiger geeignet ist. Können Sie das etwas konkreter erklären?** *Wir suchen Produktionsmitarbeiter in Wechselschicht mit berufsbegleitender Qualifizierung zum „Chemikant" (m/w). Hierbei handelt es sich wie schon angesprochen um ein speziell konzipiertes Qualifizierungsprogramm, bei dem Quereinsteiger eine attraktive Beschäftigung in der Produktion mit einer berufsbegleitenden Qualifizierung verbinden können.*

▸ **Wie sieht diese Qualifizierung im Detail aus?** *Das Qualifizierungsprogramm dauert insgesamt 4 Jahre, wobei die Teilnehmer während dieser Zeit vor Ort im Betrieb zu tariflichen Bedingungen eingesetzt werden. Die betriebliche Qualifizierung findet parallel während der vier Jahre statt. Am Anfang steht ein mehrmonatiger Einführungskurs mit dem Ziel einer verfahrenstechnischen Grundqualifizierung der berufsfremden Teilnehmer. Kursinhalte betreffen neben Grundlagen in Mathematik, Physik und Chemie zum Beispiel auch Labortechnik und QSUG. Im zweiten Jahr folgt dann ein schichtbegleitender IHK-Kurs mit dem Ziel einer spezifischen Qualifizierung für den BASF SE internen MQP-Kurs (Mitarbeiterqualifikation Produktion). Der MQP-Kurs erstreckt sich über ca. 6 Monate, hier steht die* *verfahrenstechnische Qualifizierung bis hin zur IHK-Prüfung zum Chemikanten im Vordergrund.*

▶ **Welche Anforderungen haben Sie an Bewerber für dieses Programm?** *Wir suchen interessierte Bewerber, die bereits über eine abgeschlossene Berufsausbildung – idealerweise im technischen Bereich – verfügen und motiviert sind, sich in ein neues Berufsbild in der Produktion einzuarbeiten, inklusive der Qualifizierung für den Ausbildungsberuf Chemikant. Lernbereitschaft sowie handwerkliches Geschick sind sicherlich wünschenswerte Voraussetzungen, die wir mit diesem Programm verbinden.*

▶ **Was für Arbeiten sind dann mit dem Beruf verbunden?** *Der Arbeitsalltag kann sehr vielfältig und abwechslungsreich sein. Er hängt auch immer sehr stark mit dem jeweiligen Einsatzort zusammen. Typische Arbeiten sind z. B. das An- und Abfahren von Anlagen, die Bedienung, Reinigung und generelle Überwachung dieser Anlagen oder auch die Analyse von Proben im Labor mittels physikalischen und chemischen Methoden.*

Key Learnings
- Chancen auf einen Quereinstieg gibt es auch in der Chemie-Industrie.
- Lernbereitschaft sowie handwerkliches Geschick sind gute Voraussetzungen für einen Jobwechsel.
- Bei BASF winkt für Jobwechsler eine Beschäftigung in der Produktion mit einer berufsbegleitenden Qualifizierung.

10.3 Interview mit Katrin Sünderhauf von der Deutschen Bahn AG

Wichtig für Quereinsteiger: „Fachliche Fähigkeiten und soziale Kompetenzen"

Ein Interview mit **Katrin Sünderhauf**, Personalerin bei der Deutschen Bahn AG und Leiterin der Rekrutierung in der Region Ost.

▶ **Welche Erfahrungen hat die Deutsche Bahn AG mit beruflichen Quereinsteigern gemacht?** *Wir haben vor allem positive Erfahrungen gemacht. So haben wir Positionen besetzt, die wir durch eigenes Engagement nicht besetzen konnten, weil es keine passenden Bewerber gab. Ich nenne mal zwei Beispiele: Wir haben Physiker, die bei uns im IT-Bereich tätig sind und programmieren und Geologen, die in der Fahrplanplanung arbeiten. Das würde niemand vermuten. Entscheidend für uns sind die methodischen Grundlagen, die in diesen Studiengängen erworben werden, z. B. für die Berechnung der Fahrpläne. Da helfen vor allem ein gutes methodisches und analytisches Verständnis.*

▶ **Welche Rolle spielen hierbei die Soft Skills bzw. welche Soft Skills sind besonders wichtig?** *Neben den schon genannten methodischen Kompetenzen schauen wir natürlich auf die sozialen Kompetenzen. Quereinsteiger, die sich als Projektleiter bewerben, sollten auch kommunikationsstark sein. Ausschlaggebend sind der Umgang mit den Mitarbeitern und das Teamverständnis. Außerdem sollten die Bewerber über Durchsetzungsvermögen sowie Integrations- und Konfliktfähigkeit verfügen. Das heißt, Soft Skills können, abseits fachlicher Kompetenzen, bei einer Bewerbung den Ausschlag geben.*

▶ **Was ist bei der Bewerbung als Quereinsteiger zu beachten? Welche Empfehlungen können Sie hier geben?** *Ausschlaggebend ist, dass der Bewerber verständlich macht, warum er als Quereinsteiger für die ausgeschriebene Stelle geeignet ist. Dazu gehört es, die bisherigen Erfahrungen glaubhaft darzustellen, und das am besten anhand passender Beispiele. Darauf sollte sich jeder Quereinsteiger gut vorbereiten. Idealerweise hat sich der Bewerber intensiv mit der neuen Position beschäftigt. Im Gespräch lassen sich so schneller Chancen für eine mögliche Zusammenarbeit ausloten.*

▶ **Welche Rolle spielen Themen wie Internet oder Social Media für Bewerber, aber auch für die Deutsche Bahn AG selbst bei der Suche nach geeigneten Bewerbern?** *Diese Angebote spielen für uns eine große Rolle. Wir haben eine eigene Karrierewebseite eingerichtet. Wir nutzen intensiv facebook und sind verstärkt auch bei Xing aktiv. Überall dort finden Bewerber erste Anregungen, um sich über die Deutsche Bahn und*

*die Karrieremöglichkeiten bei uns zu informieren. Insbesondere Querein-
steiger können sich hier in vielfältiger und umfassender Weise informieren,
z. B. welche Anforderungen für bestimmte Jobs notwendig sind. Hier ist
es wichtig, die eigenen Kompetenzen mit denen des Wunscharbeitgebers
abzugleichen und berufliche Vorerfahrungen mit Beispielen zu belegen,
das erhöht die Glaubwürdigkeit der Aussagen. Wenn jemand behauptet, er
sei ein kreativer Mensch und kann dafür aber kein Beispiel finden, mindert
das einfach die Überzeugungskraft der Bewerbung.*

▶ **Welche Relevanz haben Praktika beim Thema Quereinstieg?** *Praktika sind sehr relevant, um konkrete Berufspraxis in einem bestimmten
Bereich zu erlangen. Bei den Fortbildungen oder Quereinstiegen, die wir
selbst finanzieren oder unterstützen, ist die Berufspraxis im Ausbildungs-
gang automatisch integriert. Da ist das Praktikum quasi direkt mit dabei.*

▶ **Ist das Thema Quereinstieg eher ein Thema für eine bestimmte
Altersgruppe oder kann man das so nicht sagen?** *Aus meiner Einschätzung gibt es keine Altersbegrenzung.*

▶ **Nochmals auf den Punkt gebracht: Wie gelingt ein erfolgreicher
Quereinstieg bei der Deutschen Bahn AG?** *Das A und O ist der Kontakt zu Unternehmensvertretern. Quereinsteiger sollten diesen möglichst
frühzeitig aufbauen. Das gelingt beispielsweise über Business Plattformen,
Netzwerkveranstaltungen, Vorträge sowie Messen. Die Deutsche Bahn AG
ist zum Beispiel mit einer umfangreichen Präsenz auf der Messe InnoTrans
vertreten, aber auch auf kleineren Job- und Karrieremessen. Hier gibt es
vielfältige Chancen für eine Kontaktaufnahme, die ich gern empfehle.*

Key-Learnings
- Eine umfangreiche Informationssuche zur Firma und den Aufgaben ist
  wichtig.
- Fachliche Fähigkeiten, Methodenkompetenzen und soziale Kompetenzen
  haben ihre Relevanz.
- Es gilt Kontakte zur Firma sowie zu relevanten Firmenvertretern zu
  knüpfen.

10.4   Interview mit Dr. Heiko Konrad vom Hessischen Rundfunk

Pragmatische Intelligenz

Ein Interview mit **Dr. Heiko Konrad**, der zum Thema „Sozial- und Geisteswissenschaftler in Wirtschaftsunternehmen" promoviert hat und als Leiter Aus- und Weiterbildung beim Hessischen Rundfunk arbeitet.

▶ **Sie haben sich wissenschaftlich mit dem Thema „Sozial- und Geisteswissenschaftler in Wirtschaftsunternehmen" beschäftigt. Welche konkreten Schlussfolgerungen ziehen Sie für die Berufswelt?** *Wenn wir von Erkenntnissen reden, gibt es generell immer gewisse Veränderungen im Arbeitsmarkt bzw. Anpassungsprozesse. Während in den 80er Jahren Geistes- und Sozialwissenschaftler wenig Ambitionen und Chancen hinsichtlich einer beruflichen Perspektive in Wirtschaftsunternehmen hatten, so ist dies heutzutage ganz anders. Die gegenseitigen Vorbehalte haben sich deutlich verringert. Auch wird in beruflichen Auswahlverfahren heute mehr Wert auf die Bewerber-Persönlichkeit und individuelle Potenziale gelegt. Das universitäre Fachwissen spielt nicht mehr eine ganz so große Rolle. Nicht zu ignorieren ist auch der so genannte Nachzieh-Effekt, bei dem in den 90er Jahren eingestellte Geistes- und Sozialwissenschaftler, die nun in Führungsrollen angekommen sind, natürlich auch gerne Geistes- und Sozialwissenschaftler einstellen.*

Prinzipiell ist es für Geistes- und Sozialwissenschaftler wichtig zu beachten, dass in Wirtschaftsunternehmen mit einer gewissen pragmatischen Intelligenz agiert werden sollte. Die Wissenschaft bevorzugt die Erkenntnis, während bei der Wirtschaft die Handlung bzw. das konkrete Ergebnis angestrebt wird. Pragmatische Intelligenz bedeutet übersetzt, dass man in der Lage sein sollte, sein akademisches Hintergrundwissen praxisorientiert für funktionierende Entscheidungen anzuwenden, ohne dogmatisch an akademischen Denkstrukturen festzuhalten.

Hinzu kommt die Bereitschaft im Job Dinge zu lernen, sich also intensiv und motiviert mit den jeweiligen Herausforderungen sowie Aufgabengebieten auseinanderzusetzen. Von außen betrachtet gibt es sicherlich vielfach Befürchtungen, als Geistes- und Sozialwissenschaftler bestimmte Fachkompetenzen für eine Mitarbeit im Wirtschaftsunternehmen nicht vorweisen zu können. Dieser Aspekt kann aber in gewissem Maße vernachlässigt werden, da diese Befürchtungen zum einen oftmals überzogen sind und es zum anderen wie gesagt auf die Lernbereitschaft im Job ankommt.

Und je länger man erfolgreich im Beruf drin ist, desto weniger interessiert es dann, was man eigentlich studiert hat.

▶ **Welche Empfehlungen können Sie für eine erfolgreiche Bewerbung als Quereinsteiger geben?** *Ich empfehle dies als wirkliches Projekt zu verstehen und anzugehen. Mein Rat lautet möglichst genau zu prüfen, wo eine Bewerbung Sinn macht, zu welchem Job die eigenen Stärken gut passen könnten. Hierzu wäre es auch durchaus eine Möglichkeit, verschiedene Leute nach ihrem Arbeitsalltag zu befragen. Also, was macht man eigentlich im Job XY, was sind hier typische Aufgaben und Mitarbeiter-Anforderungen? Bei der Bewerbung hilft es, sich auf der Grundlage der Stellenausschreibung und der Recherchen zur Firma in die Rolle des Personalers zu versetzen: Welche Fragen wird er stellen? Wie wird man ihn überzeugen können? In der Konsequenz gilt es, viel Energie und Zeit in die Bewerbungsunterlagen, vor allem in das Anschreiben, zu investieren. Jede Bewerbung sollte ein Unikat sein. Generell empfehle ich, zwar mit der notwendigen Demut aber gleichzeitig nicht zu bescheiden aufzutreten. Damit meine ich, dass man vorhandene Anknüpfungspunkte zwischen Firmenerwartungen und eigenem Profil hervorheben sollte. Wenn die Firma bei der Durchschau der Bewerbungsunterlagen merkt, dass sich derjenige damit auch schon bei drei anderen Firmen beworben hat, hat man keine guten Karten mehr – anders wenn der Personaler merkt, dass man sich sehr viele Gedanken zum potenziell neuen Job gemacht hat.*

▶ **Wie lautet Ihre Prognose: Wird das Thema Quereinstieg in der Zukunft noch relevanter im Arbeitsmarkt werden?** *Das Thema könnte in der Zukunft durchaus noch relevanter werden. Zunächst einmal halte ich die zunehmende Ausdifferenzierung von unterschiedlichsten Ausbildungsrichtungen für etwas problematisch, da es den Arbeitsmarkt mehr und mehr unübersichtlicher macht. Wenn man sich überlegt, dass es immer mehr, immer neue Studiengänge gibt, wird es für Personaler natürlich auch schwieriger einzuschätzen, welche Kompetenzen mit einem bestimmten Ausbildungshintergrund verbunden sind. Und für die Bewerber wird es mit extrem zugespitzten Berufsprofilen ebenfalls nicht einfacher. Denn wer hochgradig spezialisiert ist, der wird Probleme haben, entsprechend passgenaue Jobs zu finden. Ja, es kann sogar ein Hindernis sein, wenn man zu stark und intensiv mit einem bestimmten Aufgabenbereich verbunden ist. Ich persönlich halte die Information für viel wichtiger, ob jemand überhaupt studiert hat. Das zeigt nämlich, dass er sich intensiv mit einem Thema auseinandergesetzt hat und auch gewisse Methoden beherrscht.*

Abseits von Arbeitsmarkt-Trends empfehle ich potenziellen beruflichen Quereinsteigern sich wie schon erwähnt intensiv mit dem Thema Bewerbung zu beschäftigen. Hier kann man individuell Akzente setzen und durch engagierte Überzeugungsarbeit dem Quereinstieg bestmögliche Chancen geben. Die Bewerbung kann quasi eine erste Arbeitsprobe sein: Hat sich jemand wirklich die Mühe gemacht seine Unterlagen an die jeweilige Firma und deren Erwartungen anzupassen? Wer hier eine mangelnde Leistungsmotivation zeigt, wie soll man dann die notwendige Leistungsmotivation für zukünftigen Arbeitsaufgaben vermuten?

▶ **Welche Relevanz haben Soft Skills für den erfolgreichen Quereinstieg?** *Soft Skills sind sehr, sehr wichtig. In vielen Berufen kann man sich fehlende Fachkenntnisse nachträglich aneignen, weshalb es dann auf die Soft Skills ankommt. Ein wichtiger Soft Skill ist die Kommunikationsfähigkeit. Man sollte gut mit anderen Menschen kommunizieren, gut zuhören und sich selbst auch gut darstellen bzw. präsentieren können. Hieran scheitern viele Bewerber und Mitarbeiter. Kooperationsfähigkeit, Vertrauenswürdigkeit oder auch Durchsetzungsfähigkeit sind ebenfalls wichtig. Prinzipiell nur einen oder den wichtigsten Soft Skill zu benennen, halte ich für schwierig. Es ist natürlich auch abhängig vom jeweiligen Jobprofil.*

▶ **Welche Empfehlungen geben Sie beruflichen Quereinsteigern für die Probezeit?** *Wichtig ist die Probezeit auch wirklich als Probezeit zu verstehen. Es gilt hellwach herauszufinden, welche Erwartungen es auf der Firmenseite gibt, welche Anforderungen zu erfüllen sind und wie man sich möglichst produktiv im Unternehmen einbringen kann. Ich empfehle eine sehr engagierte, sehr aktive Auseinandersetzung mit der jeweiligen Firma und dem betreffenden Arbeitsplatz, um sich bestmöglich vor Ort zu integrieren. Hierzu gehört, zur richtigen Zeit die richtigen Fragen zu stellen oder auch nach Unterstützung fragen, damit man stringent in die richtige Richtung geht – und, ebenso entscheidend: Feedback einholen – das gehört ebenfalls dazu.*

Key-Learnings
- Geistes- und Sozialwissenschaftler sollten pragmatisch intelligent agieren.
- Lernbereitschaft und Lernfähigkeit sind wichtige Voraussetzungen.
- Bewerbungen sollten als engagiertes Bewerbungsprojekt verstanden werden.
- In der Probezeit Feedback einholen, Fragen stellen und Fachkenntnisse erlernen, die einem noch fehlen.

10.5 Interview mit Dr. Stephan Peters von der Hochschule Kehl

Kein Quereinstieg „aus Versehen"

Ein Interview mit **Dr. Stephan Peters**, Studiengangsmanager „Public Management" an der Hochschule Kehl, über den Quereinstieg in Verwaltungsberufe.

▶ **Welche Rolle spielt das Thema beruflicher Quereinstieg für die Bewerber bzw. Absolventen Ihrer Hochschule?** *Vorweg wäre meine Empfehlung: Der Quereinstieg sollte im Idealfall nicht „aus Versehen" geschehen, sondern bewusst angedacht und angegangen werden. Das Erststudium ist bei Quereinsteigern oft bereits fachlich recht breit aufgestellt, gegebenenfalls mit Nebenfächern noch einmal erweitert. Meine Erfahrung zeigt, dass der so genannte Allrounder für den Quereinstieg tatsächlich eher geeignet ist, während es die (immer häufiger) fachlich orientierten Studierenden eher weniger sind. Ein positives Beispiel: Wenn Sie Kulturwirtschaft, so der Kurzname des Studienganges an der Universität in Passau, studiert haben, stehen Ihnen vom Auswärtigen Amt (Auswahlverfahren) über international und somit interkulturell arbeitenden Firmen bis zur Stadtverwaltung so einige Türen offen. Zudem ist das Studium, das auf den ersten Blick kein genau umrissenes Berufsfeld mitliefert, gut geeignet als Grundlage für ein Aufbaustudium (Master). Ganz speziell nun zu der Hochschule, an der ich arbeite, kann ich sagen, dass ein Quereinstieg gewollt ist. Wir haben in unserem Masterstudiengang (Master „Public Management") Studierende ganz unterschiedlichen Alters und Fachrichtung, es reicht vom Biologen über die Sozialarbeiterin bis zur BWL. Das Studium macht für Quereinsteiger insofern Sinn, als derzeit in Baden-Württemberg das Beamtenrecht geändert wird, das in der neuen Fassung ausdrücklich einen Quereinstieg zulässt (Stichwort: demografischer Wandel).*

▶ **Wird das Thema beruflicher Quereinstieg in der Zukunft noch relevanter werden?** *Ganz einfach: Das Wettrennen um die besten Köpfe hat begonnen. Wer nicht mehr genügend Absolventen seiner Fachdisziplin bekommt, wird entdecken, dass diese dann schwer zu besetzenden Positionen auch von anderen Absolventen eben anderer Fachrichtung besetzt und ausgefüllt werden können. Ich will hier nicht das Zeitalter des Allrounders predigen, aber konkret auf den Punkt bringen: Wenn Sie keinen BWLer mehr finden, so ist die Komplexität eines Unternehmens für einen Soziologen und so manchen Politologen doch überschaubar. Unternehmen werden hier risikofreudiger werden und dadurch auch innovativer und auch moderner.*

▶   **Sind auch abseits Ihrer Hochschule Tendenzen erkennbar, dass das Thema Quereinstieg für das Ziel Beamten-Laufbahn relevanter wird?** *Die Städte und Gemeinden werden aufgrund des demografischen Wandels absehbar Probleme bekommen, die frei werdenden Posten wieder zu besetzen. Daher hat die Landesregierung in Baden-Württemberg nicht nur vorgesehen, dass das Beamtenrecht so geändert wird, dass Quereinsteiger Zugang bekommen können sondern überlegt aktuell, ob auch die Anbindung, die derzeit noch geltend ist, an den Bachelor „Public Management" nicht durch eine Art Trainee gelockert werden kann. Damit wäre dann der Weg in die Behörden auch für Quereinsteiger grundsätzlich frei. Kein schlechter Gedankengang, wie ich meine.*

▶   **Was ist aus Ihrer Sicht bei einer erfolgreichen Karriere als Quereinsteiger zu beachten?** *Eine gewisse Breite im Studium sollte bereits als Grundlage vorhanden sein. Dann müsste man selbst eher Neugierde an komplexeren Abläufen haben. Das Potential sehe ich an Schnittstellen, mögen sie innerbetrieblich oder zwischen Unternehmen oder gar zwischen Betrieb und Institutionen sein. Es gibt für diese Zwecke auch zunehmend Studiengänge. Hier meine ich nicht nur den Studiengang, für den ich mitverantwortlich bin, sondern z. B. auch den bei uns angesiedelten Masterstudiengang „Cluster-Management" – ein dreisprachiger Studiengang (deutsch, französisch, englisch), der mit der Université de Strasbourg zustande gekommen ist und auf die Regionalplanung zwischen Ländern zielt. Ferner gibt es den Bereich Personal, in dem von Geografen bis Theologen so ziemlich alles zu finden ist. Die Frage ist stets, ob der (bewusste) Quereinsteiger von der persönlichen Setzung und der fachlichen Ausbildung her für das Leben ein Fokus gesetzt hat, der es ihm ermöglicht offen, unvoreingenommen, wertschätzend ungewohnte Wege zu gehen. Mut gehört dazu, Courage eben. Aber genau diese Leute braucht es für eine spannende und erfolgreiche Zukunft.*

Key Learnings

• Wer nicht mehr genügend Absolventen seiner Fachdisziplin bekommt, wird entdecken, dass diese dann schwer zu besetzenden Positionen auch von anderen Absolventen eben anderer Fachrichtung besetzt werden.
• Städte und Gemeinden werden aufgrund des demografischen Wandels absehbar Probleme bekommen.
• Jeder ist gut beraten, der offen, unvoreingenommen, wertschätzend ungewohnte Wege geht.

10.6   Interview mit Beate Mini von IKEA

Wechsle den Job, nicht das Unternehmen

Ein Interview mit **Beate Mini**, Managerin Employer Branding, Retention Management, Health, von IKEA Deutschland.

▶   **Welche Rolle spielen berufliche Quereinsteiger bei IKEA?** *Uns ist die Persönlichkeit unserer Bewerber wichtiger als Examensnoten oder Fachrichtungen. Uns interessiert, wie engagiert ein Bewerber ist, welche Fähigkeiten er mitbringt und welches Potenzial er hat. Ob er/sie gerne Verantwortung übernehmen und Entscheidungen treffen kann – und ob er/sie sich bewusst für unser Unternehmen entscheiden. Diese Haltung vertreten wir, seit es IKEA gibt. Deshalb haben wir viele Menschen bei IKEA, die sich aus anderen Branchen zu uns querentwickelt haben oder mit Ausbildungen oder Fachabschlüssen zu uns kommen, die auf den ersten Blick ungewöhnlich für ein Handelsunternehmen sind, z. B. Sinologen, Juristen, Geographen, Krankenschwestern, Theologen, viele Kollegen aus der Hotellerie, Gastronomie und sozialen Bereichen, Naturwissenschaftler, Handwerker usw. Ich selbst habe Kunst, Politik und Germanistik studiert, eine auch nicht so häufig vorkommende Startkombination für HR Funktionen. Generell entwickeln sich Berufsbilder ja in unserer Zeit so schnell, dass die Fähigkeit zu reflektieren und permanent zu lernen den Berufsalltag oft erfolgreicher macht als viel (abstraktes) Wissen. Welche Lebenserfahrungen Menschen gemacht haben, wie sie soziale Fähigkeiten erworben und entwickelt haben und wie sie gesunder Menschenverstand geleitet hat, finden wir an einem Lebenslauf besonders interessant. Ebenso, wenn er Brüche aufweist und erkennen lässt, dass der Bewerber/die Bewerberin schon ungewöhnliche Wechsel vorgenommen hat. Hier fragen wir gerne nach, weil uns das zeigt, dass er/sie in der Lage ist, manchmal vielleicht unbequeme Entscheidungen zu treffen.*
Da der Entwicklungsgedanke in unserem Unternehmen insgesamt eine große Rolle spielt und lebenslanges Lernen die Herausforderung der Zukunft für jedes Unternehmen und jeden Arbeitnehmer ist, spielen bei uns nicht nur berufliche Quereinsteiger eine wichtige Rolle, sondern auch die Querentwicklung als berufliche Weiterentwicklung bei IKEA. Eine unserer Grundsätze heißt: „Wechsle den Job, nicht das Unternehmen." Dafür bieten wir die geeigneten Rahmenbedingungen und eine Fülle von Trainings- und Schulungsangeboten an, die die Persönlichkeitsentwicklung und Reflektion jedes einzelnen begleiten, Fachwissen zu neuen Themen und Konzepten vermitteln und Management- und Führungsthemen trainieren. Was das im

*konkreten Fall für jeden einzelnen bedeutet, beschreibt ein Entwicklungs-
plan, den jeder Mitarbeiter mit seiner Führungskraft anhand individueller
Entwicklungsziele formuliert. Das Resultat ist, dass viele unserer Mitarbei-
ter/innen und Führungskräfte in ihren Laufbahnen bei IKEA oft in mehreren
Bereichen gearbeitet haben und sich zum Beispiel über Positionen im Verkauf über die Logistik in den Kundenservice entwickelt haben oder nach
Funktionen als Logistikchef, HR Manager und Salesmanager Einrichtungs-
hauschefs sind oder waren und dann beispielsweise internationale Schritte
gegangen sind. Die Laufbahnen sind so vielfältig und interessant wie die
Menschen bei IKEA.*

▶ **Welche Chancen haben berufliche Quereinsteiger bei IKEA?** *Alle!
Für unsere Arbeitskultur, in der unsere ganze Aufmerksamkeit zwischen-
menschlichen Werten gilt wie Respekt, Humor, Gemeinschaftlichkeit, sind
wir bekannt. Sie bilden die Grundlage, miteinander ins Gespräch zu kommen, zu diskutieren, zu kritisieren und Dinge zu ändern. Das alles wiederum
ermöglicht allen interessierten Mitarbeitern/-innen, egal ob Quer- oder
„Gerade"-Einsteiger, Karriereschritte, die sie mit hohem Tempo voranbrin-
gen. Die unseren Bewerber/-innen vielleicht noch nicht so bekannte Seite
unserer Arbeitsrealität ist, dass wir viele sehr erfolgreiche nationale und
internationale Laufbahnen bei unseren Führungskräften haben. Deren
Karrierewege zeigen auch Folgendes: Gestaltungsspielräume sind so groß
und abwechslungsreich, dass weiterführende Aufgaben, neue Projekte und
Einrichtungshäuser immer wieder zu neuen Herausforderungen einladen.
Neben der „klassischen" Karriereleiter von der jungen Führungskraft zum
Team-, später Abteilungsleiter und Einrichtungshauschef/-in gibt es viele
Möglichkeiten als Spezialist für bestimmte Fachbereiche zu arbeiten oder
als Projektleiter nationaler oder internationaler Projekte.
Viele nutzen auch die Möglichkeit gemäß unseres Mottos „Wechsle den
Job, nicht das Unternehmen" zu Querentwicklungen in unterschiedlichen
Bereichen. IKEA hat durch seinen Erfolg, seine Größe und die Vielfalt der
Bereiche immer viele Angebote parat. Schließlich gehören zur weltweiten
IKEA Gruppe neben dem Bereich „Retail" (dem Bereich, zu dem die Einrichtungshäuser gehören, zur Zeit 46 in Deutschland und eine Menge mehr
Häuser auf der ganzen Welt) der berühmte Bereich IKEA of Sweden, in
dem unsere Produkte designt werden, eigene Produktionsstätten, Trading-
offices auf der ganzen Welt, die die Produktion unserer Produkte steuern,
international agierende Distributionszentren, die logistisch hochprofessio-
nell und mit neuester Technik unsere Produkte von den Produktionsstätten
bis zu den Einrichtungshäusern bringen, eigene Unternehmen für unsere
komplexen IT-Systeme usw.*

Wer unsere Unternehmensvision und unsere Kultur schätzt, findet immer Möglichkeiten, seine eigenen Fähigkeiten zu entwickeln und seinen Horizont zu erweitern, indem er neue Aufgaben mit erweiterten Verantwortungsbereichen übernimmt.

▶ **Gibt es spezielle Aus- bzw. Bildungsprogramme für berufliche Quereinsteiger bei IKEA?** *Für alle unsere Jobs gibt es Einarbeitungspläne, die beschreiben, was am besten wie, wann und mit welcher Methode gelernt werden kann. Die erste Zeit, mindestens die ersten zwei Wochen sind dem Onboarding gewidmet. Da lernen unsere neuen Mitarbeiter im Hausdurchgang alle Bereiche innerhalb unserer Einrichtungshäuser kennen, lernen ihre fachlichen Schnittstellen kennen und menschlich, welche Kollegen dahinter stehen. Sie lernen unser Konzept kennen und wie das System IKEA funktioniert. Führungskräfte nehmen innerhalb des ersten Jahres am sogenannten „Discover the IKEA concept" Training teil. Deswegen sollte man nicht müde werden, sich in den ersten Wochen immer wieder vorzustellen und Fragen zu stellen. Je nach Job und mitgebrachten Erfahrungen begleiten wir die Entwicklung unserer Mitarbeiter/innen individuell durch ein System von Seminaren zu Fach-, ggf. Management- und Führungsthemen und Coaching.*

▶ **Was gilt es bei der Bewerbung als beruflicher Quereinsteiger bei IKEA zu beachten?** *Uns ist am allerwichtigsten, dass Bewerber authentisch bleiben. Wir wollen spüren, dass ihre Antworten auf unsere Fragen zu ihrer Persönlichkeit und ihren ganz individuellen Zielen passen – und nicht vorschnelle Versprechen sind. Und wir wollen einen Eindruck davon bekommen, was sie motiviert, gerade bei uns in einem bestimmten Bereich arbeiten zu wollen. Wir wünschen uns echte Neugierde… und beantworten gerne Fragen. Denn das zeigt ja, dass sich unsere Bewerber mit unserem Unternehmen beschäftigt haben.*

▶ **Wie kann man sich auf einen beruflichen Quereinstieg bei IKEA am besten vorbereiten? Welche Rolle spielt ggf. das Internet hierbei?** *Viele unserer Bewerber sehen sich vor einem Bewerbungsgespräch in unseren Einrichtungshäusern um, wie wir arbeiten. Toll! Die wenigsten Arbeitgeber kann man vor Jobantritt besuchen. Uns schon. Das Internet gehört inzwischen zur Standard-Informationsquelle und ermöglicht eine gute erste Orientierung über Bereiche, Kultur und Chancen. Wir haben auf unserer eigenen Website, aber auch bei Youtube, Kununu, Xing und Facebook Filme und Geschichten über IKEA als Arbeitgeber platziert, die Menschen inspirieren können, ein intensiveres Bild über uns als Arbeitgeber,*

*Aufgaben und die Arbeitsatmosphäre bei uns zu bekommen. Daraus ent-
wickeln sich vielleicht Fragen bei unseren Bewerbern. Genau diese Fragen
interessieren uns.*

▶ **Wie sollte man sich als IKEA-Quereinsteiger in der Probezeit am
besten verhalten?** *Wie jeder Mensch in der Probezeit. Beobachte viel
und reflektier dich. Und höre erstmal zu. Keiner erwartet von dir, dass du
vom ersten Tag an alles weißt und kannst. Du hast mindestens die ersten
100 Tage Zeit, unser Unternehmen kennenzulernen, unser Konzept zu
erfassen, andere zu beobachten, wie sie ihre Aufgaben lösen, Fragen zu
stellen und dich natürlich täglich auszuprobieren.*
*Da bei IKEA Menschen aus vielen Kulturen arbeiten und Arbeitstage oft ihre
eigene Dynamik entwickeln und zum Teil anders verlaufen als geplant entstehen immer wieder Fragen. Oder auch mal Missverständnisse. Andere
nach ihren Beobachtungen und Einschätzungen zu fragen macht einen
selbst nicht nur schlauer, sondern zeigt dem anderen auch, dass man interessiert ist an seiner Perspektive – und das ist ja was sehr Wertschätzendes.*

Key-Learnings
• Ob Quer- oder Gerade-Einsteiger: Wichtig ist, dass man produktiv ist.
• Trainings helfen bei der Integration am Arbeitsplatz.
• Persönlichkeit ist wichtiger als Examensnoten oder Fachrichtungen.

10.7   Interview mit einer Mitarbeiterin eines Jobcenters

Aktiv den Kontakt suchen

Ein Interview mit einer Mitarbeiterin eines Jobcenters, die auch Quereinsteiger
berät.

▶ **Welche Erfahrungen haben Sie mir beruflichen Quereinsteigern
in Ihrem Arbeitsalltag gesammelt?** *In meinem Berufsalltag handelt
es sich bei Quereinsteigern hauptsächlich um Hochschulabsolventen, die
sich nach bestandenem Diplom oder Bachelor- bzw. Masterabschluss dem
Arbeitsmarkt stellen müssen. Die Schwierigkeit für diese Personengruppe
ist, dass es eher auf allgemeine Kenntnisse von Arbeitsabläufen, Teamarbeit und projektbezogener Arbeit ankommt, als auf Fachkenntnisse.*

▶ **Welche Herausforderungen haben Quereinsteiger aus Ihrer Sicht zu meistern?** *Einmal ist es faktisch die Anzahl der Mitbewerber, die alle gut ausgebildet dem Arbeitsmarkt gegenüber stehen. Weiterhin sind es, wie bereits oben angesprochen, die fehlenden beruflichen Kenntnisse, die oftmals nicht zum vom Bewerber gewünschten Einsatz in einem Unternehmen führen, obwohl aus persönlicher und sogar objektiver Sicht ein z. B. sehr guter bis guter Abschluss vorliegt. Die Herausforderung ist letztlich der Wille zur kritischen Auseinandersetzung mit den eigenen Fähigkeiten, Talenten, Interessen und bisherigen Erfahrungen.*

▶ **Welche Empfehlungen/Ratschläge geben Sie in Ihrer Berufspraxis beruflichen Quereinsteigern?** *Oftmals ist es nötig, von zu theoretischen Überlegungen Abstand zu nehmen und besser den gesunden Menschenverstand im Hinblick auf die berufliche Zukunft einzusetzen. Die persönliche Kontaktaufnahme zu Arbeitgebern ist dabei genauso wichtig, wie sich gut und umfassend über potentielle Branchen zu informieren, aktiv den Kontakt zu suchen und über Trends auf dem Laufenden zu sein. Weiter ist es unerlässlich, einen konstruktiven Umgang mit Absagen zu lernen. „Im eigenen Saft zu schmoren" muss zwar auch mal sein sowie dem geschützten Rahmen der Universität oder Fachhochschule nachzutrauern, darf aber nicht zum Dauerzustand werden. Lohnenswert ist beispielsweise immer auch der Hinweis auf neue Suchmaschinen im Internet und auch Fachpublikationen als Stellenbörse zu nutzen. Zu einer realistischen Einschätzung der eigenen Situation zu kommen, dass es erst mal gut ist, berufliche Praxis zu erlangen, auch wenn die angebotene Position nicht als angemessen empfunden wird, schärft grundsätzlich die eigene Kritikfähigkeit und erweitert den geistigen Horizont. Im persönlichen Gespräch/Austausch versuchen da anzusetzen und so den jungen Frauen und Männern Ängste zu nehmen und Denkanstöße zu geben, ist mit der beste Weg.*

▶ **Wie lauten Ihrer Empfehlungen für eine erfolgreiche Bewerbung?** *Für das Anschreiben rate ich immer, sich 4 Dinge zu merken: kurz, knackig, knapp und lebendig. Außerdem soll man unbedingt darauf achten, nicht den Lebenslauf zu verschriftlichen, da Personaler lesen können. Es ist ratsam, Verknüpfungen zwischen eigenen beruflichen Erfahrungen etc. und den Anforderungen der Stelle/Ausrichtung des Unternehmens zu schaffen, damit sich der Lesende angesprochen fühlt. Der Lebenslauf sollte dann einheitlich und vollständig sein sowie bestimmten aktuellen Standards entsprechen.*

Für das Vorstellungsgespräch rate ich, authentisch zu bleiben. Es bringt nichts, wenn nette Freunde für einen ein Anschreiben formulieren, weil sich dann ggf. Papier und Realität zu sehr unterscheiden. Wenn es um das Outfit geht sage ich immer, ziehen Sie das an, worin Sie angezogen aussehen, sich aber trotzdem wohlfühlen. Zur Not muss man halt mal im Hosenanzug oder in der Bluse und im Rock ein paar Mal zu Hause auf und ab laufen, um ein Gefühl für die Kleidung zu bekommen. Dies gilt auch für hohe, neue Schuhe.

Key-Learnings
- Für das Anschreiben rate ich immer, sich vier Dinge zu merken: kurz, knackig, knapp und lebendig.
- Es ist unerlässlich, einen konstruktiven Umgang mit Absagen zu erlernen.
- Es kommt eher auf allgemeine Kenntnisse von Arbeitsabläufen, Teamarbeit und projektbezogener Arbeit an als auf Fachkenntnisse.

10.8   Interview mit Thomas Bonrath von REWE

Verkäufer mit Herz

Ein Interview mit **Thomas Bonrath**, REWE Unternehmenskommunikation.

▶   **Welche Chancen haben berufliche Quereinsteiger bei REWE?** *Besonders gefragt sind Quereinsteiger für die Service- bzw. Bedienungstheken. Dort ist das Stellenangebot höher als die Nachfrage. Unverständlich, da an den Fleisch-, Wurst-, Käse-, Feinkost- und Fischtheken hohe Fachkompetenz, intensive Beratung, handwerkliche Fähigkeiten und Kreativität den Reiz des Berufs eines Fachverkäufers ausmachen. Da REWE sich mit Service- bzw. Bedienungstheken von Wettbewerbern abhebt, Frischekompetenz gegenüber Kunden zeigt sowie mit Märkten weiterhin expandiert, besteht hier ein großer Fachkräftebedarf. Den können u. a. auch Quereinsteiger durch Umschulungen decken. Generell kann man sagen: In wohl kaum einer anderen Branche sind Ein- und Aufstiegsmöglichkeiten so gut gegeben wie im Einzelhandel und bei REWE.*

▶ **Etwas konkreter gefragt: Welche beruflichen Perspektiven bieten Sie Quereinsteigern?** *Wer Engagement, Kreativität, Know-how, Teamgeist und Belastbarkeit mitbringt, kann bei REWE schnell Karriere machen. Stolze 70 % der Führungskräfte rekrutiert der zweitgrößte deutsche Lebensmittelhändler mittlerweile aus den eigenen Reihen. Quereinsteiger in den Beruf eines Fachverkäufers für die Service- und Bedienungstheken können es gut bis zum Abteilungsleiter schaffen. REWE legt mit Ausbildungsangeboten und individuellen Förderprogrammen den Grundstein für die weiteren Karriereschritte. In jährlichen Entwicklungsgesprächen mit den jeweiligen Vorgesetzten erhalten die Nachwuchskräfte neben einer ausführlichen Beurteilung ihrer Leistung zudem die Möglichkeit, ihre nächsten Karriereschritte zu planen. Quereinsteiger werden u. a. fit gemacht durch den Besuch von internen Seminare, wie Warenkunde. Aber auch Zusatzqualifikationen über eine externe Prüfung vor der IHK sind möglich.*

▶ **Was für Erfahrungen haben Sie in den letzten Jahren mit beruflichem Quereinsteigern gesammelt?** *Quereinsteiger bringen bereits berufliche Erfahrungen mit, die von Vorteil sein können, und sind oftmals besonders motiviert, da sie eine „zweite" Chance erhalten und im neuen Job es besonders gut machen möchten.*

▶ **Welche Voraussetzungen sollten Quereinsteiger mitbringen bzw. gibt es auch Quereinsteiger, die gewissen notwendigen Voraussetzungen nicht erfüllen?** *Der Quereinsteiger sollte vor allem wirklich den neuen Beruf und die damit verbundenen Tätigkeiten machen wollen und daran Spaß empfinden. Des Weiteren sollte er einen gesunden Menschenverstand mitbringen, grundlegende Kundenbedürfnisse kennen und idealerweise Spaß an Lebensmitteln und am Kochen haben. Aber auch der Spaß am Umgang mit Menschen ist sehr wünschenswert. Und: Man sollte keine Scheu vor der Arbeit mit offenen Lebensmitteln haben.*

▶ **Was ist bei der Bewerbung als Quereinsteiger zu beachten?** *Eigentlich ist hier nichts Besonderes zu beachten. Wichtig ist jedoch, dass man mögliche Parallelen zum alten Job hervorheben sollte und insgesamt sehr authentisch, vertrauenswürdig, ja einfach ehrlich sein sollte.*

▶ **Welche Rolle spielen Soft Skills bei der Jobsuche als Quereinsteiger?** *Da ist zum Beispiel die Teamfähigkeit zu nennen, denn man arbeitet im Service immer miteinander. Also dieser Aspekt hat eine große Relevanz.*

Hinzu kommt Kommunikationsfähigkeit, da der Arbeitsplatz mit Publi-
kumsverkehr und dem Umgang mit Kunden verbunden ist. Und nicht zu
vergessen: Man sollte eine Verkäuferin bzw. ein Verkäufer mit Herz sein.

Key-Learnings
- Quereinsteiger in den Beruf eines Fachverkäufers für die Service- und Bedienungstheken können es gut bis zum Abteilungsleiter schaffen.
- Quereinsteiger bringen bereits berufliche Erfahrungen mit, die von Vorteil sein können
- Quereinsteiger sollten sehr authentisch, vertrauenswürdig und ehrlich sein.

10.9   Interview mit Peer Bieber von Talentfrogs

Mit Quereinsteigern gegen den Fachkräftemangel

Ein Interview mit **Peer Bieber**, Geschäftsführer und Gründer der Jobbörse Talentfrogs.

▷ **Was hat Sie dazu bewogen, den Job bei Siemens, einer „sicheren Bank", aufzugeben, um Deutschlands erste Jobbörse für Quereinsteiger zu gründen?** *Ausschlaggebend war meine letzte Siemensstation am anderen Ende der Welt: die kaufmännische Leitung einer Siemenstochter in Neuseeland. Die Mentalität der Menschen hat mich fasziniert. Sie folgen nicht nur privat, sondern auch beruflich ihren Ambitionen und sind viel freier, offener und aufgeschlossener neuen Aufgaben gegenüber. Das macht sich bezahlt, denn als Führungskraft dort merkt man schnell: In Neuseeland wollen viele Leute Urlaub machen, arbeiten und wohnen wollen dort jedoch nur wenige. Australien ist anziehender, unter anderem wegen des Lohnniveaus. Ich hatte also ein Team bestehend aus Menschen mit bunt zusammengewürfelten Lebensläufen und den unterschiedlichsten Talenten, Stärken und Schwächen und musste wegen des Fachkräftemangels irgendwie damit umgehen. Das fiel mir wider Erwarten aber gar nicht so schwer. Das Geheimnis war: richtiges Talentmanagement. Und das Ergebnis war: Die meisten Mitarbeiter waren motiviert und teilweise sogar engagierter als man es von studierten Spezialisten hierzulande kennt, weil sie ihren Talenten entsprechend eingesetzt wurden. Das fördert* *die intrinsische Motivation und war meine Initialzündung für die Idee von Talentfrogs, denn nach meiner Rückkehr aus Neuseeland war der Fachkräftemangel hierzulande auch schon Thema. Diskutiert wurde, ob man nicht mehr für Frauen, Migranten und Ältere tun müsste. Das ist alles richtig und wichtig, aber an eine Gruppe hat niemand gedacht, obwohl es mit eine der einfachsten Lösungen des Fachkräftemangels wäre: nämlich Quereinsteigern oder Bewerbern mit kurvigen, bunten Lebensläufen eine Chance zu geben, denn davon gibt es viele und vor allem viele richtig gute – nur haben sie nicht „den klassischen Lebenslauf". Sie fallen damit durch die herkömmlichen Auswahlprozesse der meisten Unternehmen durch. Wer möchte schon einen Ex-Metzger als Lokaljournalisten anstellen oder einen Automechaniker als Grafiker? Die wenigsten. Aber genau hier liegt das Potenzial: Firmen müssen an die Hand genommen werden, um diese Potenziale zu heben. Die Plattform dafür ist unsere Jobbörse für Quereinsteiger.*

▶ **Viele Firmen kommen auf den Geschmack, Quereinsteiger einzustellen: McKinsey bekennt sich etwa dazu, Naturwissenschaftler einzustellen – wegen des strukturierten und logischen Denkens sowie der meist vorhandenen Affinität zu IT-Themen. Wie sieht die Nachfrage nach Quereinsteiger-Stellenanzeigen bei Ihnen aus?** *Sehr gut, aber unsere Hauptzielgruppe ist gar nicht der Großkonzern wie McKinsey. Spannend ist für uns vor allem der Mittelstand: Es gibt Studien, wonach dort jede zweite Stelle nicht besetzt werden kann, weil vermeintlich die passenden Leute fehlen. Das ist aber gar nicht so. Klar: Was fehlt, ist die 100 %-Lösung, die sich diese Firmen wünschen. Der Kandidat, der die Anforderungen zu 70 % erfüllt, weil er vielleicht sein Studium nicht im gewünschten Bereich absolviert oder weniger Berufserfahrung hat, als gewünscht, ist gar nicht auf dem Radar. In Neuseeland war das tagein, tagaus eine meiner Herausforderungen – und es hat geklappt. Warum also nicht auch hier in Deutschland? Die Lage auf dem Arbeitsmarkt ist nicht so prekär, wie sie viele einschätzen, wenn man mit anderen Augen auf den Bewerbermarkt schaut.*

▶ **Welche Quereinsteiger-Talente sind am gefragtesten? Gibt es hier einen Trend zu erkennen? Haben sich die Vorlieben für bestimmte Talente geändert?** *Am besten kommt unser Konzept bei Firmen aus schnelllebigen Branchen mit kurzen Innovationszyklen an, etwa in der IT-Welt. Der Grund liegt auf der Hand: Das, was Programmierer an den Universitäten lernen, ist spätestens in drei Jahren schon wieder überholt. Wichtiger als die Kenntnis von Programmiersprachen sind hier Fähigkeiten*

*wie strukturiertes, logisches und analytisches Denken sowie Zahlenver-
ständnis und Affinität zu neuen Medien. Die IT-Branche ist auch ein Para-
debeispiel dafür, dass das Vertrauen in die Fähigkeiten von Quereinsteigern
zum Erfolg führen kann. Schließlich hat sie sich in den 70er-, 80er- und
90er-Jahren ausschließlich aus Lehrern, Elektroingenieuren, anderen Quereinsteigern und Autodidakten zu einem der bedeutendsten Wirtschafts-
zweige entwickelt.*

*Spannend ist die Jobbörse für Quereinsteiger auch für Unternehmen, die
sich mit erneuerbaren Energien beschäftigen. Ein Beispiel aus der Solar-
energie: Hier werden nicht nur Leute gebraucht, die Photovoltaik im Studium kennen und lieben gelernt haben, sondern auch Mitarbeiter mit Erfahrungen aus den Bereichen Projektmanagement, Kundenbetreuung und
so weiter.*

*Die Nr. 1-Branchen für Quereinsteiger sind also neue und innovative Wirt-
schaftszweige, die sich rasant weiterentwickeln. Das Bildungssystem
braucht zu lange, um sich den Anforderungen anzupassen, sodass erst
einmal Generalisten gesucht werden, die man möglichst breit einsetzen
und formen kann. Aktuelles Beispiel: der Social Media Manager. Die Profes-
sionalisierung der Ausbildung ist zwar in vollem Gang, die Unternehmen
brauchen aber jetzt Leute und so eröffnen sich vermehrt Chancen für Quer-
und Seiteneinsteiger, die zwar Fachwissen haben, aber keine Kommuni-
kationsausbildung oder Ähnliches. Sie bringen Fähigkeiten wie eine gute
Schreibe, Empathie, Stressresistenz und Kommunikationsstärke mit – und
eignen sich daher sehr gut für diesen Job. Genau deswegen ist unsere Jobbörse so aufgebaut, dass Bewerber Stellenangebote nach ihren Talenten
filtern können, losgelöst von Jobtitel und Wirtschaftszweig. Denn im Zweifel wissen sie ja nur, dass sie die Branche wechseln wollen, aber noch gar
nicht so genau, wohin. Die eigenen Talente kennt jeder.*

▶ **Wie sehen Ihre Pläne für Talentfrogs aus? Gibt es bald auch die Möglichkeit, seinen Lebenslauf und seine Talente online zu stellen, um
von spannenden Arbeitgebern gefunden zu werden?** *Mit Talentfrogs sind wir sehr früh auf dem deutschen Markt. In einigen Branchen ist
der Leidensdruck noch nicht so hoch, dass die Unternehmen von sich aus
auf Quereinsteiger setzen. Ergo: Die Priorität ist also, ein Bewusstsein für die
Plattform zu schaffen und für die Tatsache, dass „krumme" Lebensläufe gar
nicht schlimm sein müssen. Das schaffen wir, indem wir den Firmen eine
breite Bewerbermasse bieten, die sie über uns erreichen – allerdings ist das
eine echte Herausforderung, gerade bei Personalern, die schon seit eh und*

je dabei sind. Natürlich macht man aus einem Metzger keinen Chirurgen, aber bis zu einem gewissen Grad kann ein Quereinsteiger den Job mindestens genauso gut ausfüllen wie ein Bewerber mit einem geradlinigen Lebenslauf – angefangen beim Sachbearbeiter bis hin zum Projekt- oder Account Manager. Gerade wenn es um eine Stelle geht, die schon lange unbesetzt ist, sage ich Personalern immer wieder: Die 70 %-Lösung ist besser als ewig auf den richtigen Bewerber zu warten. Da ist eine Investition in Weiterbildungsmaßnahmen oft günstiger als der Produktivitätsausfall oder die Überlastung der bestehenden Mannschaft.

Genauso wollen wir Quereinsteigern helfen und aufzeigen, welche Branchen und welche Stellen für sie am meisten Sinn machen. Wir bringen also zwei Seiten zusammen und schaffen mit Angeboten und Nachfragen eine Plattform für Quereinsteiger.

▶ **Welche Eigenschaften sollten Quereinsteiger auf jeden Fall mitbringen und welche sind besonders wichtig im Vergleich zu Bewerbern mit geradlinigen Lebensläufen?** *Da gilt es, zwei Phasen zu unterscheiden: die Bewerbungsphase und die Zeit, in der sie dann im Job sind.*

Bei der Bewerbung gilt es, mutig zu sein, sich nicht davon abschrecken lassen, was die Firmen mit der Ausschreibung ihres Idealbildes suchen. Nicht alle Anforderungen müssen erfüllt werden, um den Job zu bekommen – nur die Kernanforderungen. Wenn das gegeben ist, sollte man sich bewerben und sich genau auf diese Anforderungen beziehen. Ein guter Trick ist es, im Lebenslauf vor der Angabe des letzten Arbeitgebers die Kompetenzen aufzeigen, die für die gewünschte Stelle entscheidend sind.

Nach der Einstellung gilt: Nicht unterwürfig handeln, sondern selbstbewusst! Klar fragt man öfter nach, weil man sich bestimmte Produkt- oder Branchenkenntnisse erst aneignen muss, aber es gibt ja einen Grund, warum das Unternehmen einen ausgesucht hat. Die vermeintliche Schwäche ist keine, sie war dem Arbeitgeber ja von Anfang an bekannt und man selbst lernt gerne und legt sich mehr ins Zeug als andere das vielleicht tun. Ein Grund, warum Quereinsteiger produktiver und motivierter sein können als Bewerber, die scheinbar wegen ihrer geradlinigen Lebensläufe viel besser passen, ist: Sie haben die einzigartige Möglichkeit, das zu machen, was sie wirklich wollen, und das, obwohl eine gesellschaftliche Norm eigentlich sagt: „Du kannst das nicht, weil du es nicht studiert hast oder dir die Ausbildung fehlt".

▶ **Stichwort Fachkräftemangel: Wie wird sich die Nachfrage nach Quereinsteigern entwickeln?** *Die Nachfrage nach Quereinsteigern steigt. Ein Ergebnis aus unserer gesellschaftlichen Entwicklung ist: Die „Generation Y" wird heute überhäuft mit Möglichkeiten, sich beruflich zu verwirklichen. Sie werden Superstar, wandern aus, studieren irgendetwas mit Medien oder gründen ein Start-up. Und irgendwann stellen sie fest: Das ist gar nicht das, was ich eigentlich wirklich den Rest meines Lebens machen möchte. Dazu kommt die Entwicklung, dass viele gar nicht stetig denselben Beruf ausüben möchten, aus dem Selbstbewusstsein heraus, das sie dank ihrer guten und soliden Ausbildung mitbringen.*

Key-Learnings

- Dank des Fachkräftemangels werden viele Firmen mutiger und suchen nicht mehr nur nach dem 100 %-Kandidaten.
- Besonders gefragte Branchen sind: IT, erneuerbare Energien und innovative Berufsfelder (Social Media) ohne geregelte Ausbildungswege.
- Ein erfolgreicher Quereinsteiger ist selbstbewusst, mutig, engagiert, kreativ und wissbegierig.

10.10 Interview mit Alexander Moritz von der Universität Göttingen

Schlüsselkompetenzen und Selbstmarketing

Ein Interview mit **Alexander Moritz**, Lehrkraft für besondere Aufgaben, Zentrale Einrichtung für Sprachen und Schlüsselqualifikationen (ZESS), Universität Göttingen.

▶ **Welche Rolle spielt das Thema beruflicher Quereinstieg für heutige Akademiker?** *Nach meiner Einschätzung nimmt das Thema für bestimmte Berufe, die fernab der klassischen Professionen liegen (z. B. Ärzte, Anwälte), eine zunehmende Rolle ein. Berufliche Karrieren verlaufen in vielen Bereichen fernab des Mainstreams, also nicht mehr geradlinig, so dass für die Akademiker ein Wechseln und somit Quereinsteigen immer mehr zu einem „klassischen Werdegang" avanciert. Das Potenzial* von „Fachfremden" wurde beispielsweise längst von Unternehmensberatungen erkannt, die ihre Personalakquise schon lange für BWL-fremde geöffnet haben. Mittlerweile werden Historiker, Mediziner, Physiker genau so willkommen geheißen. Das fehlende BWL-Know-How wird dann intern in manchmal vier- bis sechswöchigen Crash-Kursen nachgeschult.

▶ **Wie versucht die ZESS das Thema erfolgreicher beruflicher Quereinstieg anzugehen bzw. hier Unterstützung anzubieten?** *Die ZESS vermittelt berufliche Schlüsselkompetenzen, die für eine erfolgreiche berufliche Tätigkeit unabdingbar geworden sind. Mit dem Angebot der Schlüsselkompetenzen entwickeln die Studierenden der Uni Göttingen die notwendigen fachübergreifenden Arbeitsfähigkeiten, die einerseits durch den Bologna-Prozess in den Studienplänen verankert wurden und andererseits vom Arbeitsmarkt nachgefragt werden. Das ZESS-Angebot richtet sich dabei an Studierende aller Fakultäten und variiert in den Bereichen Kompetenzen der beruflichen Einmündung, Kommunikative Kompetenz, Führungskompetenz, Sozialkompetenz, Medienkompetenz sowie Selbstkompetenzen. Spezielle Zertifikatsprogramme bündeln das fachübergreifende Interesse und Wissen zu einem wesentlichen Alleinstellungsmerkmal der Absolventen der Uni Göttingen.*

▶ **Aus Ihrer Erfahrung von der ZESS: Wie gelingt ein beruflicher Quereinstieg?** *Aus meiner Erfahrung heraus, auch aus meiner Zeit als Teamleiter bei einem großen Weiterbildungsträger, kann ich sagen, dass die Entwicklung eines klaren beruflichen und auch persönlichen Profils von zentraler Bedeutung ist. Hierbei kommen dann im Idealfall folgende drei Punkte zusammen: Überzeugendes Selbstmarketing, ein funktionierendes Netzwerk sowie auch das so genannte Quäntchen Glück; also zur richtigen Zeit am richtigen Ort zu sein.*

▶ **Welche Rolle spielen Soft Skills bzw. bestimmte Schlüsselkompetenzen beim Quereinstieg sowie generell in der heutigen Arbeitswelt?** *Ohne Zweifel sind es die bereits genannten Faktoren, also gewisse persönliche und soziale Fähigkeiten, Selbstmanagement, Medienkompetenz und in besonderer Weise Kommunikationsfähigkeit, die sich in vielfältiger Weise bemerkbar machen (z. B. bei Präsentationsaufgaben) und in unterschiedlichsten Bereichen ihre Relevanz entwickelt (z. B. bei Verhandlungen oder Projektkoordination).*

Key-Learnings
- Berufliche Karrieren verlaufen in vielen Bereichen fernab des Mainstreams, also nicht mehr geradlinig.
- Das fehlende BWL-Know-How wird intern in manchmal vier- bis sechswöchigen Crash-Kursen nachgeschult.
- Die Entwicklung eines klaren beruflichen und auch persönlichen Profils ist von zentraler Bedeutung.

10.11   Interview mit Frauke von Polier von Zalando

Über den Tellerrand hinausblicken

Ein Interview mit **Frauke von Polier,** Head of People & Organisation, Zalando GmbH.

▶ **Welche Erfahrungen hat Zalando mit Quereinsteigern gemacht?** *In der Gründungsphase von Zalando haben sehr viele Quereinsteiger ihren Weg zu Zalando gefunden und sind mit dem Unternehmen gewachsen. Zwei Faktoren haben dabei Einstiege von Quereinsteigern begünstigt: Das schnelle Unternehmenswachstum und der damit einhergehende hohe Bedarf an neuen Mitarbeitern sowie die damals noch vergleichsweise geringen Bewerbungseingänge auf Grund der noch nicht so hohen Markenbekanntheit. Vor diesem Hintergrund sind Quereinstiege, wie die einer HR-Sachbearbeiterin, die zuvor in der Gastronomie gelernt und gearbeitet hat, keine Seltenheit. Im Übrigen ist diese Mitarbeiterin heute noch im Unternehmen. Mit der deutlich gestiegenen Markenbekanntheit von Zalando, hat sich aber auch der Bewerbungseingang enorm erhöht. Insofern ist auch der Auswahlprozess für Quereinsteiger in einigen, wenn auch nicht in allen Unternehmensbereichen, etwas undurchlässiger geworden. Heute verfügt der überwiegende Anteil an Zalando-Mitarbeitern über entsprechende fachliche Qualifikationen. Ziel ist es, die besten und motiviertesten Köpfe für die jeweiligen Bereiche zu finden und für Zalando zu gewinnen: vom Absolventen, über Young Professionals, bis hin zu erfahrenen Fach- und Führungskräften. Wir wollen so das jetzt schon enorme Wissen im Unternehmen halten und weiter vermehren.*

▶ **In welchen Arbeits- beziehungsweise Aufgabenbereichen haben Quereinsteiger bei Zalando die besten Chancen?** *Bei Zalando gibt es in vielen verschiedenen Bereichen Quereinsteiger. Uns ist bei der Auswahl von Mitarbeitern natürlich das passende Fachwissen wichtig, es muss aber nicht immer auf einer spezifischen Ausbildung basieren, sondern kann auch durch Berufserfahrung erlangt worden sein. Für unsere Kunden sind die Zalando Online-Shops die sichtbaren Unternehmensbereiche. Zalando ist aber weit mehr als das und unterhält zum Beispiel ein eigenes Logistiknetzwerk mit drei großen Logistikzentren in Deutschland. Unsere Mitarbeiter in der Logistik kommen über ganz unterschiedliche Wege und zu einem großen Teil mit einem völlig anderen beruflichen Hintergrund zu uns. Ziel ist es daher, diese Mitarbeiter zu qualifizieren und langfristig zu halten. Ein gutes Beispiel dafür ist ein Arbeitnehmer aus dem gewerblichen Bereich, der ursprünglich eine Ausbildung als Fachinformatiker abgeschlossen hat. Heute ist er Quality Manager und für die Leitung des Qualitätsteams sowie für die Prozess- und Produktqualität am Logistikstandort verantwortlich. Wichtig ist aus Unternehmenssicht das Interesse, von Tag eins Verantwortung übernehmen zu wollen und über den Tellerrand hinauszublicken. Insofern können auch ohne eine logistische Grundausbildung verschiedene Entwicklungschancen genutzt werden. Besonders im Hinblick auf Arbeitsabläufe und Verständnis für Prozesse ist vielfach logisches Denkvermögen und eine pragmatische Herangehensweise gefragt. Quereinsteiger können daher eine neue, frische Perspektive in die Abläufe bringen und unkonventionelle Ideen beisteuern.*

Aber auch in anderen Unternehmensbereichen haben Quereinsteiger – insbesondere mit akademischem Hintergrund – gute Einstiegs- und Entwicklungschancen. Das liegt nicht zuletzt auch daran, dass es für viele Tätigkeiten im E-Commerce noch keine etablierte Berufsausbildung oder passgenaue Studiengänge gibt, beziehungsweise diese erst im Entstehen sind. Beste Beispiele sind die Bereiche Online-Marketing, Social Media oder Content Creation. Zum Beispiel bieten sich Bewerbern mit sprachwissenschaftlichem Hintergrund oder fachfremden Bewerbern, die bereits erste Erfahrung im Online-Marketing gesammelt haben, gute Einstiegsmöglichkeiten und Perspektiven, sich innerhalb der jeweiligen Fachbereiche zu profilieren. Ebenso gut geeignet für Quereinsteiger ist die Content Creation, also der Bereich, in dem die Produkte für den Shop fotografiert, aufbereitet und betextet werden. Hier arbeiten Stylisten, Grafiker für die Bildbearbeitung sowie Fotografen und Texter mit den unterschiedlichsten Ausbildungs- und Berufshintergründen.

▶ **Welche Entwicklungsmöglichkeiten gibt es (dann) innerhalb der Firma (für Quereinsteiger)?** *Bei Zalando stehen Quereinsteigern die gleichen Entwicklungsmöglichkeiten offen wie allen anderen Mitarbeiten. Insbesondere die Mischung aus hochqualifizierten Fachkräften und Quereinsteigern, die unter Umständen Aufgabenstellungen und Projekte aus einem anderen Blickwinkel betrachten, trägt einen signifikanten Teil zur bisherigen Erfolgsgeschichte von Zalando bei.*

▶ **Welche Rolle spielen Soft Skills und sonstige Faktoren bei einem beruflichen Quereinstieg?** *Um weiterhin erfolgreich zu wachsen und unsere Unternehmenskultur zu stärken, legen wir sehr viel Wert auf den persönlichen Fit unserer Mitarbeiter zu unserer Kultur. Dies gilt genauso für Quereinsteiger wie für jeden anderen Mitarbeiter.*
Die Zalando-Werte wurden von unserer Geschäftsführung gemeinsam mit einigen Mitarbeitern aller Bereiche entwickelt. Dabei wurde vor allem auf die Aspekte geachtet, die uns in der Vergangenheit stark gemacht haben. Die Werte beschreiben also die Zalando-DNA. Bereits bei der Auswahl von neuen Mitarbeitern überprüfen wir, ob Bewerber die nötigen Soft Skills mitbringen oder ob sie zumindest offen sind für die Arbeitsweisen und Anforderungen, die sie bei uns vorfinden werden. Im Onboarding-Prozess aller Mitarbeiter gibt es dann auch die ersten Berührungspunkte mit den Werten. Wir wollen, dass sich alle Mitarbeiter aktiv mit den Unternehmenswerten auseinandersetzen. Wer die für Zalando typische Kultur lebt und sich persönlich wie fachlich einbringt, kann unabhängig von seiner Ausbildung, bei Zalando seinen Weg gehen.
Konkret: Bei Zalando legen wir großen Wert auf Team-Player. Viele Tätigkeiten verlangen eine bereichsübergreifende Zusammenarbeit. Die Bereitschaft, seinen persönlichen Horizont tagtäglich zu erweitern und die Fähigkeit, sich in sein Gegenüber zu versetzen, ist daher zwingende Voraussetzung für ein produktives und gutes Miteinander auf Augenhöhe.
Mitarbeiter bei Zalando zeichnet ein hohes Maß an Pragmatismus aus. Wir nennen das bei Zalando die „Can-do"-Mentalität. Für alle Mitarbeiter gilt es, in Lösungen zu denken. Das bedeutet, bei Problemen nicht lange um den heißen Brei zu reden, sondern offen und direkt die Problemstellung zu analysieren und zielgerichtet an einer Lösung zu arbeiten. Dabei spielt es keine Rolle, ob Quereinsteiger oder Fachexperte, Sachbearbeiter oder Manager.

▶ **Mit welchen Ausbildungen oder akademischen Hintergründen hat man besonders gute Karten und mit welchen eher nicht?** *Das kann nicht an konkreten Beispielen festgemacht werden. Vom Geistes-*

wissenschaftler bis zum Mathematiker gibt es kaum Studiengänge, die bei Zalando nicht vertreten sind. Neben der fachlichen Ausbildung beziehungsweise der Eignung eines Bewerbers auf Grund der gesammelten beruflichen Erfahrung, zählt ebenso die erkennbare Motivation des Bewerbers, für Zalando arbeiten zu wollen und die Bereitschaft, sich mit den Unternehmenswerten zu identifizieren. Bei allen Bewerbern legen wir großen Wert auf die Fähigkeit, komplexe Zusammenhänge erkennen und daraus die richtigen Schritte ableiten zu können. Es ist kein Zufall, dass viele unserer Mitarbeiter erste Berufserfahrung in sehr dynamischen Bereichen, wie zum Beispiel in Unternehmensberatungen oder der E-Commerce- und Start-up-Szene gesammelt haben, bevor sie zu Zalando gekommen sind.

► **Was gilt es bei der Bewerbung für einen Quereinstieg zu beachten?** *Bewerbungen müssen aus unserer Sicht – und das gilt nicht nur für Quereinsteiger – ein umfassendes Bild vom Bewerber vermitteln: Mit welcher Motivation bewirbt sich die- oder derjenige. Welche konkreten Gründe hat der Kandidat, sich für die jeweilige Position zu bewerben. Je authentischer, präziser und individueller, desto höher stehen die Chancen, die Aufmerksamkeit im Auswahlprozess auf sich zu lenken.*

Für Quereinsteiger gilt besonders, dass es eine gewisse Stringenz in den verschiedenen vorherigen Stationen und Funktionen gibt. Dazu zählt, dass Lücken zwischen einzelnen Stationen nicht zu groß oder plausibel erklärbar sind. Zum Beispiel, weil ein Bewerber ein Sabbatical genutzt hat, um seine Sprachkenntnisse zu erweitern, oder um sich neu zu orientieren und weiterzubilden. In diesem Zusammenhang stehen wir auch Bewerbungen von Selbständigen offen gegenüber, die nun eine Festanstellung suchen. Denn Mut etwas zu wagen, neue Wege zu gehen, ist der beste Antrieb für herausragende Leistungen.

Ein typischer Weg von Quereinsteigern führt über Initiativbewerbungen. Allerdings ist dieser Weg nur sinnvoll, wenn der Bewerber eine klare Vorstellung hat, in welchem Bereich er sich bei Zalando sieht. Bei zahlreichen Initiativbewerbungen pro Woche legen wir sehr hohe Maßstäbe an. Exzellente Leistungen und Auszeichnungen in Studium oder Beruf sind wichtige Auswahlkriterien. Der beste Weg für Bewerber führt aber über die in den verschiedensten Unternehmensbereichen ausgeschriebenen Stellen des Zalando-Karriere-Portals (jobs.zalando.de).

► **Welche Rollen spielen Praktika bei einem Quereinstieg?** *In nahezu allen Unternehmensbereichen bietet Zalando Praktikumsplätze an. Das Praktikum hat sich als wertvoller Rekrutierungskanal etabliert. Meist werden Praktikanten bei Zalando für ganz konkrete Projekte gesucht. Wir* *legen generell sehr großen Wert darauf, unsere Praktikanten intensiv zu betreuen. So haben wir die Möglichkeit, zu testen, ob Jobeinsteiger und Unternehmen zusammenpassen. Das bedeutet in der Konsequenz auch, dass erfolgreiche Praktikanten bei Bedarf gerne übernommen werden. Für Professionals und Quereinsteiger mit Berufserfahrung machen Praktika in diesem Zusammenhang aber weniger Sinn. Deren Weg führt über einen Direkteinstieg.*

Key-Learnings

- Team-Orientierung ist ein wichtiger Soft Skill.
- Bewerbungen sollten ein umfangreiches Bild vom Bewerber präsentieren.
- Pragmatismus hilft, im Berufsalltag voran zu kommen.

Quereinstiege bekannter Persönlichkeiten als Inspirationsquelle nutzen

Zusammenfassung

Berufliche Quereinstiege sind ein ganz normaler Teil unserer Arbeitswelt. Quereinsteiger gibt es in vielen Berufen und sozialen Schichten. Auch prominente Mitglieder unserer Gesellschaft sind teilweise eher unübliche berufliche Wege gegangen. Franz Beckenbauer hat nach seiner Ausbildung zum Versicherungskaufmann Fußball für sich entdeckt, um einer drögen Zahlen-Welt zu entkommen. Wir zeigen Ihnen, wer noch.

Heute kennt ihn jeder als den „Kaiser Franz" vom FC Bayern. Aber er war nicht der einzige – Nachfolgend zwanzig weitere prominente Beispiele für Quereinsteiger mit Nennung der ausgeübten Berufe:

- Mario Barth: Telekommunikationsanlagen-Elektroniker, Schauspieler, Komiker
- David Bowie: Schauspieler, Maler, Sänger
- Rainer Calmund: Stadionsprecher, Manager, Moderator
- Joschka Fischer: Taxifahrer, Bundesaußenminister
- Annie Friesinger: Eisschnellläuferin, Designerin
- Maria Furtwängler: Ärztin, Schauspielerin
- Joachim Gauck: Pastor, Publizist, Bundespräsident
- Herbert Grönemeyer: Schauspieler, Sänger
- Gregor Gysi: Facharbeiter für Rinderzucht, Rechtsanwalt, Politiker
- Eckart von Hirschhausen: Arzt, Autor, Moderator
- Johann Lafer: Koch, Unternehmer, Lehrbeauftragter
- Niki Lauda: Rennfahrer, Airline-Chef, Moderator
- Angela Merkel: Physikerin, Bundeskanzlerin
- Dieter Meier: Musiker, Künstler, Rinderzüchter
- Arnold Schwarzenegger: Bodybuilder, Schauspieler, Politiker
- Stefan Raab: Metzger, Sänger, Komponist, Moderator

S. Rippler, B. Woischwill, *Erfolgreich als Quereinsteiger*,
DOI 10.1007/978-3-658-00869-7_11, © Springer Fachmedien Wiesbaden 2014

- Claudia Roth: Dramaturgin, Musikmanagerin, Politikerin
- Barbara Schöneberger: Moderatorin, Schauspielerin, Sängerin
- Lothar Späth: Politiker, Honorarprofessor, Herausgeber, Vorstandsvorsitzender
- Friede Springer: Kindermädchen, Verlegerin

11.1   Interview mit Peter Kloeppel von RTL

Praktika habe ich nur auf dem Bauernhof gemacht.

Ein Interview mit dem bekannten Quereinsteiger **Peter Kloeppel**, Journalist, Moderator und Chefredakteur von RTL.

▶   **Haben Sie bereits zu Schulzeiten Medien gemacht – zum Beispiel Schülerzeitungen?** *Nichts dergleichen. Ich habe unsere Schülerzeitung gerne gelesen, hatte allerdings keinen Kontakt zu denen, die die Zeitung machten. Das blieb auch während meines Studiums so.*

▶   **Wie kam es dann zum Quereinstieg in die Medienbranche?** *Ich habe Agrarwissenschaften studiert und machte mir zur Halbzeit des Studiums Gedanken darüber, wie meine berufliche Zukunft aussehen könnte. Eine mögliche Karriere als Agrarjournalist schien mir eine gute Option. Ich sagte mir jedoch, dass ich erst einmal meinen Studienabschluss in der Tasche haben sollte. Anschließend wollte ich mich nach einer weiteren Ausbildung zum Journalisten umsehen. Gearbeitet als Journalist hatte ich bis dahin nicht.*

▶   **Haben Sie nach Ihrem Entschluss, in die Medienlandschaft einzusteigen, Praktika absolviert?** *Nein. Ich habe mich nach meiner Entscheidung darüber informiert, wie und wo man Journalismus lernt, mehr nicht. Praktika habe ich nur auf dem Bauernhof gemacht.*

▶   **Statt eines Volontariats im Agrarjournalismus wählten Sie aber einen anderen Weg.** *Ich habe mich an der Henri-Nannen-Journalistenschule in Hamburg beworben. Das war zeitlich etwas knapp. Ich bewarb mich im Frühjahr 1983, der Lehrgang sollte im Oktober starten. Als ich dann tatsächlich genommen wurde, musste ich mich sehr bemühen, zügig mit dem Studium fertig zu werden. Und ich bin tatsächlich drei Tage vor Beginn der Schule aus meiner letzten Prüfung gekommen.*

▶   **Stichwort Nachrichten: Wie kam Ihr Sprung von der Journalisten-
schule zu RTL?** *Bei der Henri-Nannen-Schule in Hamburg macht man
im Laufe der Ausbildung drei Praktika. Ich wollte gegen Ende wissen, wie
Fernsehen funktioniert. Mitschüler berichteten, dass man bei RTL auch als
Praktikant schon wie ein Reporter rausgeht, sogar selbst schneidet. Zudem
war RTL plus gerade mal ein Jahr alt – und in Luxemburg angesiedelt, das
war mal etwas anderes. Ich zog also Anfang 1985 ins Großherzogtum und
merkte schnell: Ja, der Job macht Spaß, das ist eine junge, hoch motivierte
Truppe, die Nachrichten auf eine andere Art und Weise macht, als man das
damals von ARD und ZDF gewohnt war.*

▶   **Der Kontakt zu RTL war also schon vor Ende der Schulzeit da. Hatten Sie Sorgen, den Einstieg in den freien Arbeitsmarkt nicht zu
finden oder bahnte sich bereits Ihr Engagement bei RTL an?** *Nach
ein paar Wochen Praktikum fragte RTL an, ob ich mir vorstellen könnte, ab
Sommer 1985 als Bonner Korrespondent für sie zu arbeiten. Das habe ich
mir lange durch den Kopf gehen lassen – zumindest so lange, wie man das
als Greenhorn bei solch einem Job macht (lacht). Bonn hatte halt nichts
mehr mit Agrarjournalismus zu tun. Trotzdem war diese Einstiegschance
in den Beruf so reizvoll, dass ich ein gleichzeitiges Angebot von Geo ausgeschlagen habe.*

▶   **Sie sagen selbst: Sie waren ein Greenhorn. Was war Ihre Strategie,
um sich in diesem Umfeld voller Profis zu behaupten?** *Ich war ja
nicht nur ein Greenhorn, weil ich jung war, sondern ich hatte auch wenig
Ahnung vom Bonner Politikbetrieb, war einfach nicht firm in allen Politik-
feldern. Vieles musste ich mir erarbeiten, auch, indem ich Fehler gemacht
habe, falsche Fragen gestellt habe, zu voreilig und zu forsch war. Mit der
Zeit hatte ich aber den Dreh heraus und bewegte mich einigermaßen sicher
auf diesem Parkett.*

▶   **Hat Ihnen Ihr Studium denn dabei geholfen?** *Natürlich hat es mir in
Bonn nichts gebracht, zu wissen, wie viele Getreidesorten es gibt. Dennoch
hat mir das Studium den Berufseinstieg erleichtert. Wo sonst lernt man
strukturiertes und analytisches Denken, verknüpft mit intensiver Recher-
chearbeit? Das sind Fähigkeiten, die ein jeder Journalist zu seinem Hand-
werkszeug zählen sollte. Heutzutage würde ich sogar empfehlen, einen
ähnlichen Weg zu gehen: Journalistik oder Kommunikationswissenschaf-
ten sind zwar ein spannendes Feld, ein Fachstudium in anderen Bereichen
ist aber oftmals hilfreicher im späteren Berufsleben. Ein studierter Polito-*

*loge kann das Geschehen im Bundestag ganz anders einschätzen als bei-
spielsweise ein Diplom-Journalist das aus dem Stand heraus könnte.*

▶ **Was würden Sie Nachwuchsjournalisten mit auf den Weg geben?
Lohnt es sich, als junger Mensch heute in die Medienbranche zu
gehen?** *Auf jeden Fall. Aber man sollte nie der Meinung sein, immer schon
alles zu können, sondern willens sein, dazuzulernen, auch mal unkonventionelle Wege zu gehen. Man muss neugierig bleiben und ein Ziel vor
Augen haben. Im Grunde sind dieselben Tipps noch gültig, die man damals
uns mit auf den Weg gegeben hat.*

▶ **Haben Sie als Fernsehjournalist in den letzten zwanzig Jahren
erlebt, dass der Berufsalltag immer stärker durch die Technik
dominiert wird?** *Beim Fernsehen ist der Bezug zur Technik von Haus aus
stärker. Und das ist eine Herausforderung: Es reicht nicht nur, kluge Fragen
zu stellen, sondern man muss auch immer auf Tontechnik, Ausleuchtung
und Bildausschnitt achten. Wer beim Fernsehen arbeitet, sollte sich mit
Technik anfreunden können – denn in der Redaktion geht es mit Schnitt
und Vertonung weiter.*

▶ **Welche Rolle schreiben Sie dem Journalisten in der heutigen
Gesellschaft zu? Ist er vor allem Kritiker, Normenhüter oder besteht
seine Aufgabe darin, zuerst zu informieren?** *Ich sehe es nicht als erste
Pflicht des Journalisten an, stets zu kritisieren. Das ist auf Dauer kontrapro-
duktiv, auch für den Zuschauer, der zuerst einmal Orientierung braucht.
Für mich geht es zunächst einmal um die Verwendung von Informationen,
die durch die Arbeit des Journalisten an die Öffentlichkeit gelangen. Aber
wir müssen kritisch hinschauen, wieder den Finger in offene Wunden legen
und Denkanstöße liefern.*

▶ **Sie sagen, dass Ihre Vorbilder Wolf Schneider, Johannes Gross
und Hans Mahr sind. Was macht diese Menschen für Sie so besonders?** *Ich habe noch heute Wolf Schneider, meinen Lehrer an der Henri-
Nannen-Schule, im Ohr, wenn ich einen Text schreibe: „Her mit den Verben!"
oder auch: „Weg mit den Adjektiven!". Hans Mahr, der lange Jahre hier bei
RTL Chefredakteur war, hat uns immer wieder ermahnt, unsere journalis-
tischen Reflexe zu überprüfen. Johannes Gross, Journalist, Publizist und
Moderator, habe ich für seine unkomplizierte Art bewundert, an knifflige
Themen heranzugehen; am meisten imponiert haben mir aber sein Intel-
lekt und seine rhetorischen Fähigkeiten.*

▶   **Wie bekommen Sie Familie und Freizeit auf der einen Seite und den Job auf der anderen Seite unter einen Hut?** *Das ist eine Herausforderung. Ich nehme mir vor, trotz all der Einladungen zu Abendveranstaltungen, die zuhauf auf meinem Schreibtisch landen, pünktlich um 20 Uhr daheim zu sein. Und dann nehme ich mir am Wochenende Zeit für die Familie.*

▶   **Wie sieht es mit dem Freundeskreis aus? Ist Ihrer durch den Beruf beeinflusst?** *Zuerst einmal ist mein Freundeskreis recht klein (lacht). Ich finde einfach kaum die Zeit, um intensiv Kontakte zu pflegen. In unserem Wohnort nahe Köln haben meine Frau und ich unsere Freunde – die haben aber nichts oder wenig mit dem Fernsehen zu tun. Mit meinen Kollegen verbindet mich ein herzliches Verhältnis, aber wir sehen uns nur selten privat.*

▶   **Holen Sie sich von Ihren Bekannten Feedback zu Ihrer Arbeit?** *Manchmal frage ich den einen oder die andere, ob ihnen etwas in den Nachrichten aufgefallen ist oder was ihnen in unseren Sendungen fehlt. Bei meiner Frau ist das anders: Sie verfolgt die meisten Nachrichtensendungen intensiv. Und wir diskutieren über Inhalt und Aufmachung, bisweilen auch kontrovers.*

Key-Learnings
- Journalist ist kein geschütztes Berufsbild; die Chancen für Quereinsteiger in der Medienbranche sind sehr hoch.
- Im Journalismus von heute haben Quereinsteiger vor allem dann eine Chance, wenn man technikaffin ist und fundiertes Fachwissen mitbringt, über das man gut schreiben (etwa durch ein Fachstudium oder eine Ausbildung) kann.
- Wichtig sind außerdem: Eigenständigkeit, Neugierigkeit, Strukturiertheit und Zielstrebigkeit.

11.2   Interview mit der TV-Moderatorin Kristina zur Mühlen

Herausfinden, wofür man brennt.

Ein Interview mit der bekannten Quereinsteigern **Kristina zur Mühlen**, Die Wissensvermittlerin – Physikerin, Journalistin und TV-Moderatorin (u. a. 3sat, ARD, Tagesschau24).

▶ **Wie verlief Ihr beruflicher Weg vom Physik-Studium/Abschluss zum Fernsehen?** *Der verlief sehr zielstrebig. Gleich nach meinem Diplom im Jahr 1993 setzte ich mich in den Zug und fuhr von Jena nach Saarbrücken. Dort trat ich mein erstes Praktikum an: beim Saarländischen Rundfunk in der Lokalredaktion „Aktueller Bericht". Für das Praktikum beworben hatte ich mich noch während meiner Diplomphase. Ebenso für die Praktika und Hospitanzen, die ich danach absolvierte. Von Saarbrücken ging es direkt weiter nach Leipzig zur Redaktion MDR-info des Mitteldeutschen Rundfunks. Anschließend lernte ich die „Hessenschau" (HR) kennen und machte dann auch noch ein Kamera-Praktikum beim HR. Denn zwischenzeitlich hatte ich die Idee, auch als Kamera-Reporterin arbeiten zu wollen. Das war damals gerade im Kommen und ich bin eine begeisterte Fotografin. Es folgten Stationen in Berlin bei Deutsche Welle tv, im ZDF-Landesstudio Potsdam und bei SAT.1 in Berlin. Mit diesem reichen Erfahrungsschatz trat ich dann 1994 ein Volontariat beim RBB an (damals ORB). Im Anschluss an das Volontariat arbeitete ich dann als freie Mitarbeiterin für die Lokalredaktion „Brandenburg aktuell", wo ich fast täglich als Reporterin im Land unterwegs war. Das machte ich 6 Jahre lang, bis ich aus privaten Gründen nach Hamburg zog und beim NDR anheuerte. Das klappte auch und ich begann in der Lokalredaktion „Hamburg Journal" als Reporterin. Zwei Jahre später bot man mir die Moderation des Magazins an. Das war 2002 – ja und seitdem moderierte ich verschiedene Fernseh-Formate. Überwiegend Nachrichten-Magazine. Durch einen glücklichen Umstand übernahm ich dann 2006 erstmals ein Wissensmagazin: Q21 (WDR). Allerdings wurde es zum Jahresende eingestellt. Doch eine andere Wissenschafts-Redaktion hatte mich bereits im Auge. Deshalb pendele ich seit der Geburt meiner Tochter im März 2007 regelmäßig nach Mainz und moderiere dort im wöchentlichen Wechsel das Wissensmagazin nano (ZDF/3sat). Beim NDR präsentiere ich seit 2004 die Nachrichten: Im Nachrichtenkanal Tagesschau24 und in der Tagesschau.*

▶ **Welche Schwierigkeiten waren bei diesem Quereinstieg zu bewältigen?** *Für mich bestand die größte Schwierigkeit darin, überhaupt erst einmal Informationen zusammenzutragen, wie man es eigentlich in den Fernsehjournalismus schafft. Sollte ich das Physik-Studium etwa abbrechen und lieber Journalismus studieren? Zufällig las ich 1991 einen Zeitungsartikel über mein damaliges Idol: Die Journalistin und „heute"-Moderatorin Ulrike von Möllendorff. Darin stand, dass sie ihre Karriere mit einem Volontariat beim SFB begann. Was ein Volontariat ist, wusste ich damals nicht. Mit Journalismus hatte ich mich nie beschäftigt. Zu DDR-Zeiten kam das für mich überhaupt nicht in Frage. Nun hatte ich mit diesem*

Artikel immerhin schon einen Anhaltspunkt und bewarb mich bei allen möglichen Fernsehsendern für ein Volontariat. Die Adressen standen ja in der Fernsehzeitung drin. Wahrscheinlich haben mich die Aus- und Fortbildungsbeauftragten der Sender für völlig naiv gehalten. Ich hatte ja keine einzige journalistische Erfahrung vorzuweisen. Ich konnte nur mein Interesse für den Journalismus glaubhaft machen. Auf jeden Fall bekam ich reihenweise Absagen. Und das war ziemlich frustrierend. Ein anderer Zufall wollte es aber, dass die Uni Leipzig einen „Tag der offenen Tür" zum Journalistik-Studium veranstaltete. Da bin ich hin – und erhielt den nächsten guten Rat: Ich sollte mein Physikstudium unbedingt zu Ende bringen. Der Abschluss sei wichtig. Egal welcher. Und ich müsste Praktika bei den Sendern machen. Dann hätte ich als Naturwissenschaftlerin gute Chancen im Wissenschaftsjournalismus. Wie Recht dieser Mann hatte, war mir damals nicht bewusst. Aber genauso ging ich es an: Ich verschickte erneut meine Bewerbungen – und war tatsächlich erfolgreich. Ich erhielt eine Zusage nach der anderen. Die Praktika waren zwar allesamt schlecht bis gar nicht bezahlt. Aber das war nicht wichtig. Denn endlich hatte ich den Schlüssel in der Hand, der mir den Zutritt verschaffte in die Welt des Fernsehens.

Eine weitere Schwierigkeit bestand darin, den skeptischen Blicken und Fragen meiner neuen Kollegen Stand zu halten. Die meisten Journalisten waren Germanisten oder Sozialwissenschaftler. Eine diplomierte Physikerin hatten sie wahrscheinlich noch nicht einmal „in echt" getroffen. Und nun stand da eine ganz junge vor ihnen. Ich war ja erst 23. Und aus dem Osten. Und wollte nun im Westen mein Glück als Journalistin finden. Klar fanden das die meisten merkwürdig. Und natürlich hatten viele auch ihre Vorbehalte. Zu meinem Glück waren aber nicht alle „Kollegen" so. Es gab auch ein paar, die wirklich kollegial waren. Hätte es die wenigen „Netten" nicht gegeben, hätte mich das wahrscheinlich so sehr verunsichert, dass ich an meinem Quereinstieg gezweifelt hätte. Fazit: Man darf sich von diesen Skeptikern nicht beirren lassen. Jeder fängt mal an. Und ich hab's halt auf diesem Weg gemacht. Dass das gut war, hat sich ja später bestätigt.

▶ **Welche beruflichen Vorteile hat man als Quereinsteiger?** *Na das liegt ja bei mir auf der Hand: Als Physikerin kennt man sich ganz gut mit der naturwissenschaftlichen Materie aus und kann Zusammenhänge recht schnell erschließen. Die vielen Praktika, die ich gemacht habe, waren ebenfalls ein großer Schatz. Jedes Mal habe ich eine neue Redaktion kennengelernt, neue Abläufe und neue Menschen mit zum Teil auch sehr fragwürdigem Sozialverhalten. Aber all das hat mich gefestigt und mir auf meinem Weg geholfen, endlich dieses Volontariat zu bekommen.*

▶ **Welche Kompetenzen und/oder Soft Skills haben Ihren Querein-stieg erleichtert?** *Bei mir treffen Neugierde und Ehrgeiz aufeinander: Das mündet darin, dass ich den Dingen immer auf den Grund gehen will. Auch lasse ich mich nicht so leicht vom Plan abbringen. Das sind wichtige Voraussetzungen, wenn man sich vornimmt, Physik zu studieren und danach zum Fernsehen wechselt. Ja, und dann kam die Wende. In Jena gingen die Studenten auf die Straße. Auch ich war bei so einer Montagsdemo dabei – und beeindruckt, wie stark man in der Masse ist. Dann – 1990 und 1991 – erlebte ich die Unruhen und Unabhängigkeitsbestrebungen Georgiens von der Sowjetunion. Ich war mittendrin in den Geschehnissen, machte viele Fotos und war überwältigt von der Stimmung auf den Straßen. Die Ereignisse hatten mich extrem beeinflusst. Man kann wirklich sagen, dass sie meinen Wunsch gefestigt haben, Journalistin zu werden.*

▶ **Worauf kommt es Ihrer Meinung nach beim erfolgreichen Querein-stieg an?** *Dass man sich von Niederlagen nicht abbringen lässt. Wenn sich scheinbar unlösbare Hindernisse vor einem auftürmen, muss man Mittel und Wege finden, diese Hindernisse zu bewältigen – oder zu umgehen. Meine Meinung ist: Wer wirklich ein Ziel vor Augen hat und wem es wirklich ernst damit ist, der erreicht dieses Ziel auch. Ich gebe zu, dass mich mein damaliger Freund bei meinem Ziel hundert Prozent unterstützt hatte und mir immer wieder gesagt hat: „Lass' Dich nicht verunsichern. Das ist dein Weg! Du musst ihn weiter gehen!" – Ohne ihn, hätte ich es nicht gewagt. Zumal meine Eltern von meinem Quereinstig in den Journalismus gar nicht angetan waren. Sie hielten es für eine Schnapsidee, dass ich zum Fernsehen wollte. Heute sind sie stolz.*

▶ **Würden Sie im Rückblick bestimmte berufliche Entscheidungen anders fällen?** *Nein, würde ich nicht. Eigentlich lief doch alles ganz gut bisher. Klar gab es bei mir nicht nur Höhen sondern auch Tiefen. So ist das Leben nun mal. Wir stehen immer wieder vor Prüfungen. Und es wäre ja fast schon unheimlich, wenn alles immer glatt laufen würde. Rückblickend hatten die Rückschläge aber auch ihr Gutes: Sie haben mich stärker gemacht für nachfolgende Herausforderungen. Und das ist keine Phrase sondern wirklich so.*

▶ **Welche Ratschläge würden Sie beruflichen Quereinsteigern geben?** *Man sollte herausfinden, wofür man „brennt". Ich fotografiere zum Beispiel bis heute sehr gern und könnte mir auch eine fotografische*

Karriere vorstellen. Genauso habe ich meine Leidenschaft für's Gärtnern entdeckt. Das lese ich mir alles aus Zeitschriften an, probiere es aus und sammele dabei auch Rückschläge. Aber die sollte man immer sportlich nehmen. Rückschläge sind wertvolle Erfahrungen, aus denen man lernt. An anderer Stelle bringen sie einen wieder voran, weil man den alten Fehler nicht noch einmal macht. So geht es mir jedenfalls. Als Moderator z. B. muss man texten können – und seine Botschaft in 25 Sekunden rüberbringen. Als ich noch Praktikantin war, konnte ich das nicht. Wie auch. Übung macht den Meister. Hat mein Opa immer gesagt. Und so ist es auch.

▶ **Wie sollte man im Bewerbungsverfahren den eigenen Quereinstieg bestmöglich darstellen?** *Zunächst einmal macht ein ungewöhnlicher Lebenslauf neugierig. Welche Bewerber würde ich persönlich bevorzugen? Bewerber, die mir so authentisch wie möglich schildern, warum sie genau diesen Job machen wollen. Und die auch schon viel getan haben, um diesem Ziel näher zu kommen (z. B. Praktika, Kurse etc.). Man sollte sich auch fragen, was einen so unverzichtbar machen würde für das Unternehmen. Wieso sollte dieses Unternehmen von einem profitieren? Je engagierter ein Bewerber diese Botschaften rüberbringt, desto besser.*

Key-Learnings

- Leidenschaft, Willenskraft: Man sollte nie aufgeben.
- Es ist wichtig seinen individuellen, eigenen Weg zu finden.
- Auch Bewerbungen sind mit dem notwendigen Engagement anzugehen.

Quereinsteiger-Interviews: Die haben es richtig gemacht

12

Zusammenfassung

Wir haben unterschiedlichste berufliche Quereinsteiger befragt. Sie berichten uns über ihre Erfahrungen, wie sie den Quereinstieg erlebt haben und worauf es ihrer Meinung nach wirklich ankommt.

12.1 Interview mit Franz Ambelang, ehem. Absolventa

Als Quereinsteiger Selbstbewusstsein ausstrahlen

Ein Interview mit dem Quereinsteiger **Franz Ambelang**, ehemaliger Management-Trainee bei Absolventa – Die Jobbörse für Studenten, Absolventen und Young Professionals.

▶ **Was wollten Sie zu Beginn Ihres beruflichen Werdegangs werden?** *Nach dem Abschluss des Masterstudiengangs „Kulturwissenschaft und Kulturmanagement" habe ich mich zunächst primär im Nonprofit-Bereich beworben. Darunter waren Stellen im Kultur- und Hochschulbereich. Außerdem haben mich auch internationale Organisationen wie die Europäische Union, das Goethe-Institut oder die UNESCO sehr interessiert. Lange Zeit konnte ich mir auch eine wissenschaftliche Laufbahn an der Universität vorstellen. Das Angebot meines Professors, der meine Masterarbeit betreute, bei ihm zu promovieren, lehnte ich jedoch ab, weil ich große Lust hatte, praktische Erfahrungen zu sammeln.*

S. Rippler, B. Woischwill, *Erfolgreich als Quereinsteiger*,
DOI 10.1007/978-3-658-00869-7_12, © Springer Fachmedien Wiesbaden 2014

▶ **Wie ist es dann zu Ihrem Quereinstieg gekommen?** *Nach vielen erfolglosen Bewerbungen im Nonprofit-Bereich bin ich ins Grübeln gekommen. Die hohe Konkurrenz bei den wenigen attraktiven Stellen und die befristeten Verträge sowie die schlechte Bezahlung im Kulturbereich haben mich irgendwann dazu bewogen, mich nach Alternativen in der freien Wirtschaft umzusehen. Und dort hatte ich mit meinem geisteswissenschaftlichen Hintergrund erstaunlich viel Erfolg. Ich hatte Jobangebote von einer Unternehmensberatung, einem Personaldienstleister, einer privaten Universität und einem Logistikunternehmen. Letztendlich entschied ich mich für ein Trainee-Programm bei der Online-Jobbörse ABSOLVENTA, weil mir hier die Möglichkeit gegeben wurde, Einblicke in unterschiedlichste Unternehmensbereiche zu bekommen.*

▶ **Welche Aspekte waren beim Quereinstieg die schwierigsten Hürden?** *Als idealistischer Geisteswissenschaftler mit geringer Praxiserfahrung war mir die Welt der freien Wirtschaft fremd. Ich konnte mich in ihr schlecht orientieren und ich wusste nicht, in welchen Bereichen ich als Quereinsteiger Chancen habe. Es dauerte eine Zeit lang, bis ich selbstbewusster wurde und die Bereiche identifizierte, wo ich mir Hoffnung auf Erfolge machen konnte. Außerdem habe ich festgestellt, dass es auch in der Privatwirtschaft Tätigkeiten gibt, die ich mit meinen Idealen vereinbaren kann: So hatte ich bei ABSOLVENTA das Gefühl, etwas Gutes für die Gesellschaft zu tun, indem wir jungen Akademikern – auch Quereinsteigern wie mir – den Berufseinstieg erleichterten.*

▶ **Und wofür dann das Studium?** *Im Studium habe ich unter anderem im Rahmen von Haus- und Abschlussarbeiten gelernt, mich schnell in unbekannte Themenbereiche einzuarbeiten. Das hat mir geholfen, mich zügig auf dem Arbeitsmarkt zu orientieren, die Bereiche zu finden, die für einen Quereinstieg in Frage kommen, und mich auf Vorstellungsgespräche schnell und effektiv vorzubereiten. Des Öfteren habe ich mich erfolgreich in Bereichen beworben, die mir völlig fremd waren. Zur Vorbereitung auf die Gespräche musste ich mich dann in kürzester Zeit in neue Themengebiete einarbeiten.*

▶ **Welche Soft Skills haben Ihnen geholfen?** *Wenn ich es erst mal ins Vorstellungsgespräch geschafft hatte, verlief dieses meist erfolgreich. Hierbei hat mir sicherlich meine gute Kommunikationsfähigkeit geholfen. Neben einer gründlichen Vorbereitung auf die Gespräche habe ich stets* *versucht, einen selbstbewussten, engagierten und authentischen Eindruck zu hinterlassen. Zudem haben es aus meiner Sicht die Personaler geschätzt, dass ich ehrlich war. Wenn ich etwa bestimmte betriebswirtschaftliche Kenntnisse oder EDV-Kenntnisse nicht hatte, habe ich das auch so kommuniziert. Zudem profitierte ich von meinen vielen Präsentationen und meiner Tutorentätigkeit während meines Studiums. Das half mir, mich erfolgreich zu verkaufen.*

▶ **Was hat Ihnen neben den Softskills noch beim Quereinstieg geholfen?** *Viel Wert habe ich auf Netzwerkarbeit gelegt. Manchmal war es der bloße Erfahrungsaustausch mit ehemaligen Dozenten, Arbeitskollegen aus Praktika, mit Kommilitonen und Freunden. Dieser hat mir sehr geholfen, meine Karrierewünsche zu konkretisieren. Auch aufmunternde und motivierende Worte während der unangenehmen Zeit der Jobsuche haben mich sehr gestärkt. Außerdem habe ich meine Bewerbungsunterlagen vielen Personen gezeigt, u. a. erfahrenen Personalern auf Jobmessen. Selbst nach Monaten wurden mir noch sinnvolle Optimierungsvorschläge zu meiner schriftlichen Bewerbung gegeben. Auch Zeitschriften wie „Arbeitsmarkt – Bildung, Kultur, Sozialwesen" oder Jobbörsen für Berufseinsteiger wie ABSOLVENTA haben mir sehr geholfen.*

▶ **Welche beruflichen Schritte würden Sie im Rückblick eher anders beschreiten?** *Wirklich was anders gemacht hätte ich nicht. Ich bin immer meinen Weg gegangen und habe bei der Entscheidungsfindung stets auf mein Gefühl vertraut. Viele Kommilitonen haben sich schon während des Studiums den Kopf über die späteren Chancen auf dem Arbeitsmarkt zerbrochen. Ich war da immer relativ entspannt und habe auf meine Stärken vertraut. Im Nachhinein würde ich aber früher mit der Bewerbungsphase beginnen. Schon während des Schreibens der Masterarbeit hätte ich erste Bewerbungen schreiben können. Das hätte die Zeit der Jobsuche nach dem Studium vielleicht verkürzt.*

▶ **Was empfehlen Sie Quereinsteigern?** *Auch wenn bestimmte Fachkenntnisse fehlen, die man im Studium nicht gelernt hat, sollte man als Quereinsteiger Selbstbewusstsein ausstrahlen. Man sollte an sich glauben und zumindest versuchen, sich auf bestimmte Stellen zu bewerben, auch wenn diese auf den ersten Blick unpassend erscheinen. Darüber hinaus sollte man sich klar machen, dass man als Quereinsteiger eher die Chance hat, bei den Personalern im Gedächtnis zu bleiben. So habe ich mich zum*

Beispiel auf eine Logistikstelle beworben, die bis dato nur von BWLern und Logistikern wahrgenommen wurde. Ich war der einzige „bunte Vogel". Ich denke, dass hat erst das Interesse des Personalers geweckt. Daneben kam ich auch zur Erkenntnis, dass die menschliche Komponente die wichtigste Rolle spielt. Natürlich wird man als sympathischer Kulturwissenschaftler nie Flugzeuge bauen, aber es gibt mehr Quereinsteigerjobs, bei denen man durch Persönlichkeit überzeugen kann, als man denkt.

▶   **Leider wurde Ihr Trainee-Programm sowie Ihre Mitarbeit bei Absolventa – unabhängig von Ihnen bzw. Ihren Leistungen – vorzeitig beendet. Wie sehen Sie Ihre zukünftige Perspektive?** *Ich versuche die Kündigung als unglückliche Begebenheit, für die ich nichts kann, hinzunehmen und bleibe weiter optimistisch. Derzeit bewerbe mich wieder und profitiere dabei sehr von den Erfahrungen aus meiner ersten Bewerbungsphase. Und das mit Erfolg – erste Jobangebote habe ich bereits bekommen, die ich aber aus unterschiedlichen Gründen ausgeschlagen habe. Weitere Gespräche – diesmal auch mit großen Konzernen – stehen noch an. Ich stelle mich nach wie vor sehr breit auf und bewerbe mich in unterschiedlichsten Bereichen. Ich bin überzeugt, dass die nächste Herausforderung nicht mehr lange auf sich warten wird.*

▶   **Ist es Ihrer Meinung nach heutzutage einfacher für Quereinsteiger geworden oder hat sich nichts geändert?** *Es gibt bereits heute schon Bereiche wie die Informatik oder das Ingenieurwesen, die auf geeignete Quereinsteiger zurückgreifen müssen. Für Geisteswissenschaftler bleibt die Arbeitsmarktlage jedoch weiterhin angespannt. Aber vor dem Hintergrund des demographischen Wandels und des zunehmenden Fachkräftemangels werden Unternehmen nicht darum herumkommen, auch auf diese Absolventengruppen zurückzugreifen. Aus meiner Sicht werden daher zwangsläufig die Chancen für Quereinsteiger auf dem Arbeitsmarkt in den nächsten 10–20 Jahren steigen.*

Key-Learnings

- Mit Zuversicht in die eigenen Stärken sollte man seinen Weg gehen.
- Es gilt Firmen zu finden, die trotz Quereinstieg gut zum eigenen Profil passen.
- Der Arbeitsmarkt bietet konkrete Chancen für Quereinsteiger.

12.2   Interview mit einem ehemaligen Bundeswehr-Mitarbeiter

Wir erstellen Dir hier keinen Dienstplan

Ein Interview mit einem Quereinsteiger, der von der Bundeswehr in die Wirtschaft wechselte.

▶   **Wie verlief Ihr beruflicher Weg von der Bundeswehr zu Ihrer aktuellen Position?** *Mein beruflicher Einstieg in die Privatwirtschaft war zunächst durch eine Vielzahl von Bewerbungen geprägt, die leider meistens nicht über eine Empfangsbestätigung der Unterlagen hinausgingen. Unabhängig des Ergebnisses war mir diese Art von Unverbindlichkeit fremd. In der Bundeswehr hatte man für jede Art von Anfrage zumindest ein „Nein" oder „ich bin nicht zuständig…zuständig ist…" bekommen. Ein Phänomen, dem ich heute noch sehr oft begegne. Aber gerade durch meine erste Tätigkeit in der Privatwirtschaft kann ich mir den wahren Grund für die Ablehnung sehr gut denken: Die „fehlende" oder nicht anerkannte Berufserfahrung und ein falsches Bild über die Aufgaben und Methoden von ehemaligen Führungskräften der Bundeswehr. Der erste Schritt in die Privatwirtschaft ging über die Tätigkeit eines Personalberaters. In einer mittelständischen und inhabergeführten Personalberatung war ich für meinen Kundenstamm für die ganzheitliche Suche von Fach- und Führungskräften verantwortlich. Nach einem Jobwechsel bin ich heute als Teamleiter Customer Service bei einem führenden Business Process Outsourcers im Bereich HR-Payroll tätig. Dieses Unternehmen hat in den letzten Jahren die Vorzüge von ehemaligen Führungskräften der Bundeswehr kennen gelernt und erkennt die Führungserfahrung uneingeschränkt an.*

▶   **Welche Schwierigkeiten waren bei diesem Quereinstieg zu bewältigen?** *Ich begegnete einer gewissen Neugier gegenüber meinen ehemaligen Tätigkeiten aber auch einer gewissen Vorverurteilung. Gerade in der Einarbeitungszeit, in der ich viele Fragen zu bestehenden Prozessen im Unternehmen stell(t)e, wurden diese oft als „Uneigenständigkeit" deklariert. Sätze wie „Hier erstellt Dir keiner einen Dienstplan, wann Du was zu tun hast…" oder wie „Wir haben hier keine Vorschrift, die Dir aufzeigt wie Du das machen sollst…" mussten von mir korrigiert werden, dass ich als Disziplinarvorgesetzter von über 100 Mitarbeitern derjenige damals war, der u. a. Dienstpläne und Ausbildungspläne für seinen Verantwortungsbe-*

reich eigenständig erstellte, diese ich aber auch auf selbstständiger Basis und nach meinen eigenen Zielen formulieren konnte. Außerdem ist gerade die Bundeswehr mit ihrer so genannten „Auftragstaktik" bzw. Management by Objectives eine der wenigen Armeen, die solch eine Art der Führung verinnerlicht haben. Zudem sehe ich es als besonders proaktiven Schritt an Fragen zu stellen, anstatt alles nur gesagt zu bekommen. Wer fragt, der führt! Ein weiteres Beispiel ist, dass ich meinen Tag, mit möglichst vielen unvorhersehbaren Einschüben, gerne strukturiere. Aufgrund offener Outlook-Kalender konnten meine Kollegen auch diese Struktur einsehen. Irgendwann wurde nur aufgrund dessen, dass ich meine Tagesplanung auch auf meinen Kalender übertragen hatte, meine Flexibilität hinterfragt. Ich hatte zeitweise das Gefühl, dass man mich teilweise als unflexiblen Beamten verklären wollte.

▶ **Welche beruflichen Vorteile hat man als Quereinsteiger?** *Ich sehe für berufliche Quereinsteiger ein sehr hohes Potenzial deren Wissen und Erfahrungswerte in historisch gewachsenen Strukturen einzubringen und somit zur Weiterentwicklung des Unternehmens beizutragen. Unternehmen, die seit Jahren auf der Stelle treten und ihren Führungsnachwuchs aus den eigenen Strukturen hervorbringen können durch Quereinsteiger auch Querdenker rekrutieren. Natürlich bringt das in den tradierten Strukturen eine gewisse Unruhe hinein, jedoch müssen die Entscheidungsträger, die sich für solche Quereinsteiger entschieden haben, diesen Prozess von oben auch unterstützen.*

▶ **Welche Kompetenzen und/oder Soft Skills haben Ihren Quereinstieg erleichtert?** *Präsentationsfähigkeit, Kommunikation, Empathie, Analyse- und Durchsetzungsfähigkeit! Sobald es zum persönlichen Gespräch kam waren die aus dem schriftlichen Bild der Person gegebenen Vorurteile (keine anerkannte Berufserfahrung usw.) weniger existent. Wenn man von einer fehlenden Erfahrung in einer Branche oder in bestimmten Funktionen in der Privatwirtschaft sprechen kann, so sind es gerade soziale Kompetenzen/ Soft Skills, die Führungskräfte aus der Bundeswehr mitbringen.*

▶ **Wie kann man einen Quereinstieg vielleicht vorab vorbereiten?** *In meinem Fall durch Praxis in der Zielbranche z. B. durch Praktika. Somit kann man Einblick in die Branche und teilweise auch einen „Fuß in die Tür" der Zielbranche bekommen. Die Unternehmen zählen dies m. E. als Berufserfahrung. Zeitgleich besteht die Gefahr, dass zu viele Praktika die Frage aufwerfen, warum man nicht „hängen geblieben" ist und ob dadurch die Zielbranche doch nichts für jemanden ist.*

▶ **Worauf kommt es Ihrer Meinung nach beim erfolgreichen Quereinstieg an?** *Offenheit, Analysefähigkeit und Mut sich auch einzubringen! Es besteht ein Dilemma zwischen der Erfahrung, die man schon vorher gemacht hat und den Gegebenheiten in der jetzigen Branche. Es ist genauso unzweckmäßig sich nur durch neue Eindrücke berieseln zu lassen, wie auch die neue Branche mit seinen Erfahrungen zu überrumpeln. Man muss offen für die neue Branche, deren Menschen und deren Branchenkultur sein. Zeitgleich muss man aber auch den Mut besitzen, innovative neue Gedanken in die selbige im gesunden Maße einzubringen.*

▶ **Würden Sie im Rückblick bestimmte berufliche Entscheidungen anders fällen?** *Zugegebenermaßen hätte ich meine Übergangszeit mehr mit nachweislich anerkannten praktischen Erfahrungen nutzen sollen, anstatt ein Weiterbildungsstudium vorzuziehen. Das 2. Studium lässt mich sogar mehr als Theoretiker aussehen und unterstützt somit meine fehlende Berufserfahrung in der neuen Branche bzw. in meinem Fall, der Privatwirtschaft. Ich hätte gerade im Hinblick der Übergangszeit, in der ehemalige Zeitsoldaten durch die Bundeswehr auch finanziell gefördert werden, mehr unentgeltliche Praktika durchführen sollen.*

▶ **Was für Ratschläge würden Sie beruflichen Quereinsteigern geben?** *Informationen von Stelleninhabern der Zielbranche einholen, Netzwerke bilden, sich für jegliche Möglichkeit an der Sammlung am praktischen Erfahrungen anbieten und dennoch in der Persönlichkeit adaptiv wie auch innovativ sein. Hinzu kommt, dass man auch in Bezug auf die Gehaltsvorstellungen realistisch sein muss. Die Gehaltsunterschiede zwischen Branchen können enorm sein, so dass man sich dort auch anpassen muss bzw. seine Anforderungen gerade zu Beginn zurückschrauben sollte.*

▶ **Wie sollte man im Bewerbungsverfahren den eigenen Quereinstieg bestmöglich darstellen?** *Meines Erachtens zählen hier gerade Kompetenzen außerhalb der Fachkompetenz, die ein Novum für die neue Branche bedeuten. Unternehmen, die sich auf einen Quereinsteiger einlassen, wissen, dass bei diesen Kandidaten (m/w) zwar die Fachkompetenz geringer ist, jedoch diese Kandidaten andere Kompetenzen (z. B. Kommunikationsfähigkeit usw.) mitbringen können die die vorherigen Stelleninhaber vielleicht weniger besaßen. In einem Bewerbungsverfahren muss man durch klare und gründliche Recherche der Zielbranche dessen (zukünftigen) Bedarf außerhalb der Fachkompetenz erkennen.*

Key-Learnings
- Auch schwierige Phasen gilt es durchzuhalten.
- Die Integration im neuen Job benötigt Zeit.
- Gehaltsfragen sind nicht als oberstes Ziel anzusehen.

12.3   Interview mit Ingo Chao von XING

Lebenslang Lernen!

Ein Interview mit **Ingo Chao**, Team Leader Security bei der Xing AG.

▶ **Wie lief Ihr Quereinstieg vom Medizinstudium zu XING?** *Ich wollte Arzt sein und in meiner eigenen Praxis arbeiten. Diese Vorstellung habe ich als Zivildienstleistender auf einer Pflegestation gewonnen. Als Jugendlicher wollte ich noch „was mit Computern" machen und habe am Rechner meines Vaters Programmieren gelernt.*
Nach dem Medizinstudium habe ich über drei Jahre in der Klinik gearbeitet. Im letzten Jahr habe ich mehr und mehr daran gezweifelt, ob ich mein Handeln mit meinen Ansprüchen in Einklang bringen kann. Da mir die Vorstellung schwerfiel, etwas grundsätzlich anderes zu tun, habe ich mich bei Medizinverlagen beworben. Ein Volontariat durchgehalten, dann noch eines, eine Fortbildung zum Fachredakteur besucht. Schließlich habe ich als freier Mitarbeiter für einen wissenschaftlichen Verlag Manuskripte lektoriert. Jedoch kann man davon allein, selbst auf niedrigem Niveau, nicht leben. Daher habe ich nebenbei ein Hobby gepflegt, das Gestalten von Websites. In Foren Rat gegeben, Aufträge erhalten, schließlich ein Buch veröffentlicht. Mit dem Wissen aus diesen Jahren habe ich mich getraut, mich bei einem IT-Unternehmen zu bewerben. Ich habe im Frontend-Engineering angefangen, später arbeitete ich in der Qualitätssicherung, von da aus ging es in das neu aufzubauende Security-Team, wo ich heute Teamleiter bin.

▶ **Welche Aspekte waren beim Quereinstieg die schwierigsten Hürden?** *Sicher definiert man sich zum Teil über einen Beruf, aber dann stellt man sich beim Wechsel auch zu genau diesem Teil infrage. Das ist unangenehm. Wir sollten stets wissen, warum wir es tun. Wenn man einmal den Kern herausschälen kann, warum man eine Arbeit macht, kann man vermutlich viele Berufe ausüben. Nicht nur irgendwelche Jobs, sondern Berufe, die man ganz ausfüllen will. Diese Freiheit aber kommt nicht billig daher. Das Wechseln macht keinen Spaß, sondern ist bitter und ernst. Vom Ende* *meiner Klinikszeit bis zum festen Job in der IT habe ich acht Jahre benötigt. Oft habe ich Grund berührt, ein sehr beunruhigendes Gefühl, denn wohin geht es von hier aus weiter? Wenn man sich entscheidet, zu gehen, ist man noch nicht angekommen. Und das hatte ich mir vorher nicht klar gemacht. Der Rat der anderen ist gut gemeint, man bekommt viel Unterstützung, solange man sich darauf einlässt, dort zu bleiben, wo man ist. Will man weg, helfen sie einem, doch bleiben zu können. Dem Quereinstieg geht ein Ausstieg voraus, und manch einer meint, man wolle ans andere Ende der Welt auswandern. Aber vielleicht haben sie ja gar nicht mal so unrecht dabei gehabt. Es ist nicht damit getan, zu wissen, warum man mit etwas aufhört.*

▸ **Was war eher einfach und verlief durchaus problemlos?** *Zu der Zeit war es einfach, eine Fortbildungsmaßnahme bewilligt zu bekommen, und später auch, Fördermittel zur Existenzgründung zu erhalten. Man nimmt es schließlich selbst in die Hand, zeigt Initiative.*
Der Einstieg in die Firma war einfach, es ist eine sehr offene Kultur bei uns. Die Neugierde der Leute bei einem Quereinsteiger ist eine Hilfe. Ich musste mich nie rechtfertigen und hatte auch nicht den Impuls, etwas beweisen zu müssen. Ich lernte bei der Arbeit und kam nach und nach immer mehr hinein.

▸ **Welche Soft Skills haben Ihnen geholfen?** *Einfühlungsvermögen und Verständnis für andere? Allerdings kann ich mit anderen auch recht ungeduldig sein. Schwer zu sagen. Vielleicht sollte man die Einschätzung der eigenen sozialen Kompetenz besser dem Gegenüber überlassen.*

▸ **Was hat Ihnen außerdem noch viel geholfen?** *Meine Familie, und zwar in dem Sinne, dass es Wichtigeres gibt, als sein Ding zu machen. Beispielsweise ist eine wackelige Selbständigkeit nach meiner Erfahrung nur schlecht mit einem Baby auf dem Schoß zu vereinbaren. Das hilft, zu einer Entscheidung zu kommen.*

▸ **Welche Fähigkeiten aus Ihrer Arzt-Ausbildung sind heute noch wichtig für Ihren derzeitigen Beruf?** *Ich langweile mich schnell, wenn mir Menschen erzählen, sie hätten aus ihrer Schulzeit, ihrem Studium nie wieder etwas gebraucht, und dass das Berufsleben so ganz was anderes fordere. Ich glaube nicht an diese Darstellung. Ohne das Studium hätte ich nicht geübt, zäh genug für Zeiten hoher Anforderungen zu sein, ohne die Zeit als Arzt hätte ich nie so viel über mich erfahren und auch nicht über die Beziehungen zu Menschen. In der Klinik habe ich mühsam gelernt, was es bedeutet, in multiprofessionellen Teams schwierige Aufgaben zu erfüllen.*

Ich sympathisiere mit der Idee des lebenslangen Lernens, sofern es nicht zur Quälerei wird, ich will noch ein Instrument lernen, auch Gärtnern, vielleicht Nähen. Früher machte ich Stativaufnahmen von Landschaften, heute fotografiere ich meine Kinder, und etwas Verwackelung darf nun sein. Beruflich suche ich nach Fehlern in komplexer Software, betreibe also Qualitätssicherung, im Speziellen für Sicherheitsfragen. Eine gewisse Detailverliebtheit hilft mir hierbei, den Anspruch, den ich selber an die Dinge habe, in der Softwareentwicklung umzusetzen.

▶   **Welche beruflichen Schritte würden Sie im Rückblick eher anders machen?** *Im Rückblick würde ich es vermeiden, mich selbständig zu machen. Ich bin wohl nicht dafür geschaffen, das geschäftliche Risiko für meine Arbeit zu kalkulieren, und auch nicht, mich gut zu vermarkten. Ich habe nichts dagegen – allein ich kann es nicht.*

▶   **Was empfehlen Sie generell Quereinsteigern? Was würden Sie ihnen mit auf den Weg geben wollen?** *Der Bruch in der Biographie lässt das Ganze gleich zum vielfältigen Gesamtwerk geraten, zu einem Patchwork. Es kommt aber nicht bloß auf die Benennung an. Sondern wir sollen kongruent mit uns selbst sein: Wir müssen authentisch wirken und wir sollten es besser auch sein. Wenn man sich mit seinen Brüchen arrangiert hat, ist es einfacher, sich auf Bewerbungssituationen vorzubereiten, die nicht allein auf das Fachliche abzielen. Man sitzt als Quereinsteiger normalen Menschen gegenüber, also solchen, die sich Menschenkenntnis zuschreiben, Bauchgefühle haben und am Tag in zu viele Meetings gehen. Die Frage nach dem Wieso kommt nicht überraschend. Ich habe mir vorab drei, vier Sätze zurechtgelegt, die den Bruch nachvollziehbar machen. Geschlossen, ohne groß zu Nachfragen einzuladen. Ein Bruch weckt das Interesse. Ich darf kurz und knapp über mich reflektieren, um dann aber im Interview weiterzugehen.*

Ich bin Menschen begegnet, deren unverwirklichter Traum es war, Arzt zu werden, und die verständlicherweise Fragen haben, wenn man selbst nicht an diesem Traum festhält, wo man doch die Chance dazu hatte. Ich antworte, dass ich als Arzt die Verantwortung für das Leben anderer Menschen nicht tragen konnte, weil ich die Last als für mich zu schwer empfand. Das Gefühl, nicht ausreichend zu sein, ist schlimm. Ich nahm Schuld auf mich. Das ist etwas, was ich in den Nächten allein im Krankenhaus erfahren habe, und nicht bereits im Studium. Daher vermutlich der lang überlegte späte Bruch. Um nicht krank zu werden, wechselte ich den Beruf. Nicht leichtfertig.

Es ist meiner Meinung nach wichtig, den Wechsel als etwas Individuelles, aus der eigenen Geschichte Verstehbares zu schildern. Das Gegenteil davon wäre, zu behaupten, ein jeder würde in der Situation XY wechseln. Aber ein jeder ist dann auch der Zuhörer, also etwa der Interviewpartner im Bewerbungsgespräch. Vermutlich haben sich die meisten Menschen in ihrer Laufbahn mehrfach beruflich infrage gestellt, sich dann aber aus guten Gründen gegen den Sprung entschieden. Sie haben die Frage, „Soll ich jetzt hier aufhören?", für sich verneint. Damit hat Ihr Zuhörer für sich das verworfen, wofür Sie sich entschieden haben. Nicht jeder mag es, wenn seine Entscheidung durch das Verhalten des anderen angezweifelt wird, vor allem, wenn der andere seinen Weg als einen natürlichen Schritt hinstellt. Ich glaube daher, es ist besser, wenn ich deutlich mache, dass ich mich in meiner Situation meine und nicht Jedermann. Der Zuhörer soll es nicht bald genauso machen wie ich, sondern er soll meine Entscheidung akzeptieren können. Und das ist es auch schon. Eine sehr persönliche Frage, die ich ebenso persönlich beantworte, dabei aber bei mir bleibe.

▶ **Wo geht Ihr beruflicher Zug in der Zukunft hin? Haben Sie aktuell Ihren Platz gefunden oder kann es vielleicht nochmals gewisse Veränderungen geben?** *Mir ist es ganz lieb, wenn ich eine Zeit lang an einem Fleck sein kann, wenn sich Veränderungen allmählich vollziehen. Ich bin heute fünf Jahre in derselben IT-Firma. Es gefällt mir, ich finde beinahe jeden Tag etwas Spannendes und habe nicht selten das Gefühl, etwas bewirken zu können. Wenn das einmal nicht mehr so sein sollte, werde ich versuchen, zu wechseln.*

▶ **Ist es Ihrer Meinung nach heutzutage einfacher für Quereinsteiger geworden oder hat sich hier nichts geändert?** *Das weiß ich nicht. Vermutlich ist die Schwelle niedriger, wenn Firmen gleich neben dem Anforderungsprofil die Aussage treffen, dass ihnen Quereinsteiger auch recht seien. Wenn die Fragen sich nicht so sehr darauf konzentrieren, warum ich etwas nicht mehr mache, sondern eher darauf, auf welche Art und Weise ich etwas Neues tun will.*

Key-Learnings
- Die eigene Biographie gilt es als individuellen Weg zu verstehen.
- Ebenfalls gilt es, den Wert der Bildung zu erkennen.
- Berufliche Entwicklungen sollten auch kritisch hinterfragt werden.

12.4   Interview mit Maria Goldmann von Monster

Ein Quereinstieg ist auch mit 45 + noch machbar!

Ein Interview mit der Quereinsteigerin **Eva Maria Goldmann**, Consultant Mediation bei Monster Worldwide Deutschland GmbH.

▶ **Was wollten Sie nach dem Schulabschluss werden?** *Ganz am Anfang, noch zu Abiturzeiten, wollte ich in die Forschung: Molekularbiologie/Biochemie. Eine Arbeit als Logopädin erschien mir ebenfalls interessant. Aber Geschichte und Sprachen hatte es mir auch angetan, oder Tourismus... Vermutlich war ich nicht die Einzige, die alles Mögliche spannend fand und als Joboption ansah. Ich sehe das auch heute bei sehr, sehr vielen Schulabgängern und sogar Hochschulabsolventen.*

▶ **Wie verlief dann Ihr beruflicher Werdegang vom Studium der Romanistik/Geschichte/Biologie bis zur Social Media-Branche und aktuell zur Mediation?** *Den Wechsel der Studiengänge von Romanistik/Geschichte auf Biologie/Biochemie würde ich nicht als Quereinstieg sehen oder als Vorzeichen für meine spätere berufliche Entwicklung. Ich denke, das geht vielen Abiturienten und Studenten so, dass sie in dem Alter noch nicht genau wissen, wo sie hin möchten und was die Wahl letztendlich im Joballtag bedeutet. Während des Hauptstudiums Biochemie wurde mir klar, dass ich mich für eine Forschungskarriere extrem spezialisieren müsste. Ich interessiere mich (heute wie damals) aber für sehr vieles – nicht nur in der Naturwissenschaft. Das hätte ich dann für einen wissenschaftlichen Erfolg hintanstellen müssen. Und dazu war ich nicht bereit. Damit war auch die Entscheidung getroffen, nicht zu promovieren. Als ich mit dem Studium fertig war, wäre ich gern ins Produktmarketing im Pharma- oder Medizintechnikbereich gegangen. Beim Bewerben bin ich dann allerdings auf die Realität gestoßen: Es gab wenige Jobs hierfür und schon gar nicht für Berufseinsteiger. Eine Erfahrung, die sicher viele Absolventen schon gemacht haben oder noch erleben werden. Vertrieb konnte ich mir ebenfalls gut vorstellen, also bewarb ich mich auch für Vertriebspositionen. So wurde ich Pharmareferentin. Relativ schnell stellte ich fest, dass mir Beratung mehr lag als Verkauf und mir die Arbeit im Team fehlte. Außerdem war mein ganzer wissenschaftlicher Unterbau nicht sehr gefragt. Das fand ich schade. Es hat viel Überlegung und Gespräche mit Freunden gebraucht, bis ich die Entscheidung traf, ein eine Radio-Journalistenschule zu besuchen* *bzw. ein daran angeschlossenes Volontariat zu absolvieren. Danach arbeitete ich als Freie eine Zeit lang beim Hessischen Rundfunk. Zu Hause fühlte ich mich nicht. Über einen Dotcom Zwischenschritt bot mir jobpilot an, die neu zu gründende Karriere-Community dort aufzubauen, zu gestalten und auszubauen. Ich griff zu und war lange Zeit glücklich und ausgelastet mit dieser Aufgabe. Rechtzeitig, als ich langsam fand, ich würde jetzt alles zu diesem Bereich kennen, startete die Social-Media Welt, auf die ich mich auch mit Begeisterung warf.*

▶ **Welche Aspekte waren bei diesen Quereinstiegen die schwierigsten Hürden?** *Bei dem ersten Extremwechsel (Pharmareferentin zur Radiojournalistin) war es schlicht: Einen Job finden, jemand finden, der einem eine Chance gibt. Der Schritt vom Radioengagement zum Online-Job war nicht weit, kein echter Quereinstieg, wie ich finde. Damals waren die neuen Jobs wie Online-Redakteur und Community-Manager noch nicht ausdefiniert und speisten sich häufig aus Journalisten und immer aus fachfremden Menschen. Wir haben alle diese Jobs sozusagen mit erfunden und ausgestaltet. Der jetzige Schritt allerdings war insofern schwieriger, als ich jetzt mit Ende vierzig meine Bedenken hatte, komplett noch mal neu anzufangen. Ich habe inzwischen Kinder und damit finanzielle Verpflichtungen, habe mir auf dem Social Media Feld einen Namen gemacht und jetzt nochmal komplett neu anfangen? Mit dem Risiko zu scheitern? Und was dann? Wer gibt denn einer 45 + als Neuling eine Chance? Diese Fragen haben mich umgetrieben. Es war ein großer innerer Schritt, den ich gehen musste. Als ich innerlich klar war (wieder halfen mir etliche Gespräche, ein Coach wäre sicher auch sinnvoll gewesen), wie und was ich wollte, fiel es mir leicht überzeugend zu sein und meine Idee hier bei Monster, also meinem Arbeitgeber, zu „verkaufen" und durchzusetzen. Ich bin von meinem jetzigen Weg sehr überzeugt, am liebsten hier bei Monster, aber wenn die Zeichen mal anders stehen sollten auch anderswo.*

▶ **Was war eher einfach und verlief durchaus problemlos?** *Einfach war es nicht. Beide Male, die ich zähle, nicht. Bei dem Wechsel zum Journalismus/Online-Engagement hatte ich deutliche finanzielle Durststrecken bis zu meinem ersten festen Job nach dem Wechsel. Richtig positiv lief es erst bei jobpilot. Beim aktuellen Wechsel waren es eher die inneren Hürden, mit denen ich erst kämpfen musste. Monster selbst hat mir den Weg einfach gemacht.*

▶ **Welche Soft Skills haben Ihnen geholfen?** *Wenn man sich meine Jobs anguckt, fällt auf, dass alle sehr viel mit Kommunikation zu tun haben und mit dem Umgang mit und Interesse an Menschen. Das mir das viel bedeutet, hat geholfen. Außerdem fällt es mir leicht, wenn ich einmal eine Entscheidung getroffen habe, sie auch umzusetzen. Ich kann Abschied nehmen – auch von alten Aufgaben.*

▶ **Was hat Ihnen außerdem noch viel geholfen?** *Gespräche mit Familie, Kollegen und Freunden (siehe oben). Die Unterstützung meines Partners und aktuell auch mein Arbeitgeber und Kollegen.*

▶ **Nochmals ganz konkret gefragt: Wie verlief dann Ihr Weg von Social Media Branche zur Mediation?** *2002 wurde ich in den Betriebsrat gewählt und engagierte mich parallel zu meinem Community-Manager Job für die Belange von meinen Kollegen. Im Laufe der Zeit wurde diese Arbeit immer wichtiger für mich und ich merkte, dass ich mich durch die vielfältigen Aufgaben im Betriebsrat persönlich, intellektuell und fachlich schnell weiter entwickelte, möglicherweise weitreichender als in meinem ursprünglichen Job. Wobei einige meiner Fähigkeiten für Social-Media und die Betriebsratsarbeit wichtig und vorteilhaft sind: Interesse an Menschen – an dem Einzelnen aber auch an Gruppen und die Freude an Kommunikation. Über die Betriebsratsarbeit näherte ich mich immer mehr dem Thema Konfliktvermeidung, -management, Mitarbeitergespräche und Mediation an. Als ich unserer Geschäftsleitung dann vorschlug, dass es doch sinnvoll wäre, mich ganz diesen Aufgaben zu widmen, stimmte diese zu. So bin ich zurzeit dabei, einen Bereich hier bei Monster aufzubauen, in dem es um Konfliktvermeidung, Konfliktberatung, Motivation und Zusammenarbeit geht. Gleichzeitig habe ich meine Mediationsausbildung begonnen, mit dem Ziel mich zertifizieren zu lassen und vor allem für ein konstruktives Miteinander im Berufsumfeld zu sorgen. Wer weiß, vielleicht ergibt sich in Zukunft eine Möglichkeit für mich Social-Media und Mediation oder Konfliktbearbeitung zu verbinden? Ich bleibe offen.*

▶ **Welche Fähigkeiten Ihrer früheren Ausbildungen, Ihrer früheren beruflichen Erfahrungen und Kompetenzen sind heute noch wichtig für Ihren derzeitigen Beruf?** *Analytisches Denken. Vorliebe für komplexe Themen und Zusammenhänge. Konzentration auf Wesentliches.*

▶ **Welche beruflichen Schritte würden Sie im Rückblick eher anders machen?** *Eigentlich keinen. Auch wenn ich den Vertrieb nicht so sehr geliebt habe, wie meine späteren Jobs, habe ich viel gelernt, was mir heute zu Gute kommt. Ich möchte all die Zeit nicht missen. Schon gar nicht die Zeit als Community- und Social-Media Managerin. Das ist einfach ein spannender, schneller Job und das Thema Karriere, um das sich „meine" Online-Gemeinschaften drehten, interessiert mich immer noch. Aber mein Weg ist das nicht mehr und war es die letzte Zeit vor dem Umschwung auch nicht mehr.*

▶ **Was empfehlen Sie generell Quereinsteigern? Was würden Sie ihnen mit auf den Weg geben wollen?** *Ein klares Ziel definieren: Ich weiß aus eigener Erfahrung, dass genau das manchmal schwierig ist. Wenn man erst mal nur unspezifisch grummelig ist, weil der Job nicht mehr passt, ohne genau zu wissen, was besser passt. Nichts desto trotz lohnt es sich, das Ziel genau zu identifizieren. Googeln, mit Freunden sprechen, ggf. eine Karrierecoach hinzuziehen, in sich gehen und dann mit Personen sprechen, die diesen Job oder etwas Angrenzendes schon machen. Wenn man ein konkretes Ziel vor Augen hat, entfaltet sich auch der Weg, wie man dort hinkommt.*

▶ **Wo geht Ihr beruflicher Zug in der Zukunft hin? Haben Sie aktuell Ihren Platz gefunden oder kann es vielleicht nochmals gewisse Veränderungen geben?** *Für die nächsten 10 Jahre habe ich meinen Platz gefunden, aber ob ich diese Aufgabe bis zu Rente machen werde, darauf möchte ich mich nicht festlegen.*

▶ **Wird es Ihrer Meinung nach beruflichen Quereinsteigern leicht gemacht oder gibt es viele behördliche, organisatorische Schwierigkeiten, die zu lösen sind?** *Quereinsteigern wird es sehr schwer gemacht. Ob behördlich kann ich nicht beurteilen. Das Umorientieren kostet viel Kraft und Energie, deshalb ist auch das oben genannte konkrete Ziel so wichtig. Eine kleine Anekdote zu einer vor zwei-drei Jahren erlebten Reaktion eines Personalberaters auf meinen Lebenslauf: Der Headhunter einer großen Personalberatungsagentur kam auf mich zu wegen einer Position im Bereich Community-Management bzw. Social-Media-Management – er war über Xing auf mich aufmerksam geworden, wo alle Sprünge in meinem Lebenslauf öffentlich zu sehen sind. Nach einigen Telefonaten kam es zum persönlichen Gespräch. Abgesehen davon, dass es klassisch* *ablief mit all den schon hundert Mal gehörten Fragen, ritt er nach einiger Zeit darauf herum, dass ich Ende der 90er den Quereinstieg über Volontariat, Hessischen Rundfunk, 1. New Economy Job, und dann zu jobpilot gemacht hatte. Er konnte sich gar nicht beruhigen, dass ich einige Male den Job gewechselt hatte, wo denn der rote Faden sei... Dabei war ich zu dem Zeitpunkt schon über 10 Jahre Community-Managerin. 10 Jahre fand ich kontinuierlich. In diesem neuen Bereich ist das eine sehr, sehr lange Zeit! Nachdem er dann noch auf meinem Alter herumritt, hatte ich nur noch bedingt Interesse an der eigentlich interessanten Aufgabe.*

Mit solchen Gesprächen muss man als Umsteiger rechnen und geschwind abhaken, sich drüber amüsieren und weiter machen. Viele Personaler und Personalberater denken noch in der Kategorie: Roter Faden im CV ist das A & O, nur dann ist der Kandidat ein High Professional. Wie viel Potential Menschen mitbringen, die nicht nur „einschlägige" sondern sehr vielfältige Berufserfahrungen haben, darüber wird viel geredet, aber umgesetzt wird es wenig.

Key-Learnings

- Man muss auch in der Lage sein Abschied von bisherigen Aufgaben zu nehmen.
- Mut und Vertrauen in sich selbst sind wichtig.
- Es gilt Ausdauer bei einer längerfristigen Entwicklung zu haben.

12.5   Interview mit Klaus Heymann von Naxos

Kreativität und Innovationsfreude

Ein Interview mit dem Quereinsteiger **Klaus Heymann**, Chief Executive beim Musiklabel Naxos in Hongkong.

▶   **Als international erfolgreicher Quereinsteiger ... wie genau verlief Ihr beruflicher Werdegang?** *Ich werde häufig nach dem Geheimnis meines Erfolges gefragt, denn ich spiele kein Instrument, kann keine Noten lesen und habe nie für eine andere Schallplattengesellschaft gearbeitet. Und dann sage ich immer etwas im Scherz: Das sind, glaube ich, die wich-*

tigsten Elemente meines Erfolgs. Aber da ist schon auch etwas Wahrheit in dieser Aussage. Ursprünglich habe ich Romanistik und Anglistik, unter anderem in Deutschland, England und Frankreich, studiert. Nebenbei hatte ich auch schon an der Universität eigene Seminare gegeben und somit einen guten Einblick in die Wissenschaftswelt erhalten. Insgesamt fand ich eine berufliche Perspektive in diesem Bereich nicht wirklich interessant, auch vom finanziellen Faktor her. Durch sportliche Aktivitäten bzw. meinen Nebenjob als Tennislehrer habe ich einige sehr erfolgreiche Geschäftsleute kennengelernt und ein berufliches Engagement in dieser Richtung hatte mich da schon besonders interessiert. Die große, weite Businesswelt: Das war mein Ziel. Zunächst kam erst einmal ein Job bei einer amerikanischen Zeitung, den ich fünf Jahre gemacht habe. Während dieser Zeit habe ich dann angefangen, für Hi-Fi-Unternehmen Texte zu schreiben. Eines dieser Unternehmen hat mich dann abgeworben und als Exportwerbeleiter angestellt. Das lief sehr erfolgreich, weshalb ich dachte: Wenn du das mit dieser Firma erreichen kannst, dann kannst du das auch mit einer eigenen Firma schaffen.

So baute ich mein eigenes Versandunternehmen auf und wurde in kurzer Zeit Millionär. Wenig später lief das Geschäft nicht mehr so gut und ich verlor mein Geld wieder. Revox und Bose boten mir dann die Distribution für Hong Kong sowie China an und es ging beruflich wieder aufwärts. Da ich mich schon immer für Musik interessiert habe, veranstaltete ich in Hongkong Konzerte. In diesem Zusammenhang habe ich meine Frau – eine renommierte Geigenspielerin – kennengelernt. Für sie organisierte ich Aufnahmen und war somit im Musikgeschäft angekommen. Und dieser Bereich ist dann immer mehr gewachsen, wobei das eigentlich alles nicht geplant war. Als Quereinsteiger habe ich in dem Geschäft auch alles anders, vielleicht auch innovativer gemacht, als es bisher in der Branche üblich war. Und das war wahrscheinlich auch ein wichtiger Erfolgsfaktor: Wir waren zum Beispiel sehr früh im Internet dabei – bereits 1996 gab es Musik von uns als Streaming-Angebot.

▶ **Neben einem gewissen Geschäfts- bzw. Vertriebssinn – was macht Ihren Erfolg sonst noch aus?** *Auf der einen Seite habe ich viel Glück im Berufsleben gehabt, auf der anderen Seite habe ich immer sehr gute, kompetente Mitarbeiter gehabt, die teilweise mehr als 20 Jahre für mich tätig waren. Ich glaube, dass ich generell ein recht gutes Händchen dafür habe, sehr solide Leute in die Firma zu bringen, die mir dann treu bleiben. Ich ver-*

suche, meine Mitarbeiter auch gut zu behandeln, lasse ihnen Freiräume – gebe aber klar die Richtung vor.

▶ **Wie sind Sie mit Fehlentscheidungen innerhalb Ihrer beruflichen Entwicklung umgegangen?** *Meine Fehlentscheidungen hatten glücklicherweise keine besonders schwerwiegenden Konsequenzen zur Folge. Ich habe immer versucht, Risiken zu vermeiden, die die Firma in große Bedrängnis hätten bringen können. Ich sage immer zu meinen Leuten: „Kinder, macht nie einen Deal, der euch zwar enorme Gewinne verspricht, aber gleichzeitig auch die Firma kaputt machen kann."*

▶ **Wie gehen Sie mit Bewerbern um, die einen Quereinstieg in Ihrer Firma wagen wollen? Worauf achten Sie da bzw. was ist Ihnen dann wichtig?** *Interessant ist, dass wir mit MBA-Leuten bisher stets nicht so gute Erfahrungen gesammelt haben. Meine Empfehlung ist, dass man so viel wie möglich neben dem Studium lernen sollte, also Sachen, die auch nichts mit dem Studium zu tun haben. Ich denke hier beispielsweise an Fremdsprachen, interkulturelle Kompetenzen oder Internet-Skills. Vielseitigkeit ist in meiner Branche sehr nützlich und deshalb bevorzugen wir auch vielseitig gebildete Bewerber.*

▶ **Welche Rolle spielen Ihrer Meinung nach Soft Skills für den erfolgreichen beruflichen Werdegang?** *Ich kann nur für meine Branche sprechen, in der Kreativität und Innovationsfreude ganz besonders wichtig sind. Ich selbst lese enorm viel und ich klopfe das immer darauf ab, ob es nicht eine Anwendungsmöglichkeit für unser Geschäft gibt. So entstehen neue Ideen, neue Konzepte, die zu neuen Geschäftsmodellen führen können. Von daher betrachte ich, um auf Ihre Frage zurückzukommen, die andauernde, kritische sowie auch kreative Beobachtung von Marktentwicklungen als eine wichtige, wünschenswerte Fähigkeit.*

Key-Learnings
- Erfahrungen außerhalb der eigentlichen Ausbildung sind ebenfalls relevant.
- Zu hohe Risiken können das gesamte Projekt gefährden.
- Kreativität und Innovationsfreude können wichtige Soft Skills sein.

12.6   Interview mit Dr. Marco Kampp von der Deutschen Bahn in Italien

Etwas mit voller Leidenschaft machen

Ein Interview mit dem Quereinsteiger **Dr. Marco Kampp**, Internationaler Fernverkehr der Deutschen Bahn AG, Leiter der DB-Tochter in Italien.

▶ **Wie verlief Ihr beruflicher Werdegang vom Physiker zum Internationalen Fernverkehr der Deutschen Bahn AG?** *Ich habe zunächst in Heidelberg Physik studiert. Anschließend bin ich nach Cambridge in England gegangen und habe dort einen Master und die Promotion in theoretischer Physik erfolgreich abgeschlossen. Hierzu kann man schon sagen, dass ich Dinge gemacht habe, die mit dem so genannten richtigen Leben nicht viel zu tun haben. Gleichzeitig habe ich nebenbei immer ein Auge auf das gehabt, was außerhalb der Forschungswelt passiert. In Heidelberg habe ich während meines Studiums für SAP und in Cambridge für Microsoft gearbeitet. Schließlich habe ich mich auf Numerische Simulationen spezialisiert. Ich habe mir immer wieder Gedanken gemacht, wie ich meine wissenschaftlichen Kompetenzen in die praktische Berufswelt übertragen kann. Während ich in der Forschung beispielsweise untersucht habe, wie man im Internet Pakete bestmöglich durch Netzwerke transportieren kann, untersuche ich bei der Deutschen Bahn, wie wir mit unseren Zügen bestmöglich das Streckennetz auslasten. Bei der DB habe ich damit ein Aufgabenfeld gefunden, das sehr gut zu meinem Kompetenzhintergrund passt. Jetzt schicke ich Züge durchs Netz – mit durchaus vergleichbaren Abläufen.*

▶ **Wie verlief dann Ihr Einstieg bei der Deutschen Bahn AG?** *Die Verantwortliche für den Bereich Hochschul-Recruiting hatte mich direkt angesprochen und mir ein Trainee-Programm vorgeschlagen. Mir selbst war zunächst gar nicht bewusst, dass bei der Deutschen Bahn AG meine Kompetenzen gesucht werden. Das hätte ich so nicht gedacht. Das Trainee-Programm war dann auch sehr notwendig und sinnvoll, ich wurde mit den wesentlichen Arbeitsabläufen und Arbeitstechniken vertraut. Das notwendige betriebswirtschaftliche Know-how habe ich mir nach der Arbeit noch zusätzlich angeeignet.*

▶ **Nochmals auf den Punkt gebracht: Welche Kompetenzen aus Ihrem universitären Ausbildungshintergrund konnten sehr gut in die Arbeitswelt übertragen werden?** *Gewisse Physik-Inhalte haben im Prinzip keine Relevanz für meinen Job. Aber bestimmte Methoden, z. B. die Fähigkeit wichtige und unwichtige Faktoren innerhalb einer spezifischen Situation erkennen zu können, sind quasi jeden Tag für mich relevant. In der Physik gibt es manche Einflussfaktoren, die eher zweitrangig sind, und andere, die sehr genau beachtet werden müssen. Und so ist es auch in meinem heutigen Arbeitsalltag. Im Hinblick auf den Schienenverkehr gibt es Einflussfaktoren, die man vernachlässigen kann, andere wiederum benötigen besonders viel Aufmerksamkeit. Ebenfalls aus der akademischen Ausbildung habe ich meine Zielstrebigkeit sowie meine Ausdauer übernommen, beides ist für meine Arbeit sehr wichtig.*

▶ **Sie sind momentan im Internationalen Fernverkehr tätig. Sicherlich hat Ihnen hierfür auch schon Ihr international ausgerichtetes Studium etwas geholfen, oder?** *Das ist richtig. Interkulturelles Verständnis, der Zugang zu anderen Kulturkreisen, die Auseinandersetzung mit ausländischen Sichtweisen – all dies hilft mir natürlich bei meinem aktuellen Aufgabengebiet im Internationalen Fernverkehr. Mein Start bei der Deutschen Bahn AG in Frankfurt/Main war zunächst auf den nationalen Bereich beschränkt.*

▶ **Welche generelle Empfehlung können Sie beruflichen Quereinsteigern mit auf den Weg geben?** *Das Wichtigste ist, dass man etwas mit voller Leidenschaft macht, also sich mit Herzblut mit einem Thema oder Aufgabenbereich beschäftigt. Wenn man in dieser Weise ein Studium angeht, so wird man später auch etwas finden, das wirklich zu einem selbst auch passt. Wenn man sich mit großem Engagement mit einem Thema auseinandersetzt, so wird man auch sehr motiviert einen Weg finden, um die vorhandenen Kompetenzen ins Berufsleben zu übersetzen.*

Key-Learnings
- Ungewöhnliche Ausbildungshintergründe können trotzdem relevant für die Arbeitswelt sein.
- Methodische Kompetenzen lassen sich teilweise einfach in den Berufsalltag übernehmen.
- Wichtig ist, für ein Thema innerlich hoch motiviert zu sein.

12.7   Interview mit Janine Lenhart von Team Giso Weyand

Quereinsteiger als Zugewinn fürs Unternehmen

Ein Interview mit der Quereinsteigerin **Janine Lenhart**, Projektleiterin bei Team Giso Weyand

▶   **Was wollten Sie als Kind werden?** *Um ehrlich zu sein hatte ich nach dem Abitur kein konkretes Berufsziel. Sprachen, Literatur und Kunst im Allgemeinen fand ich schon immer faszinierend. Also erkundigte ich mich, welche Studiengänge es an der Bayreuther Uni gab und entschied mich relativ schnell, Englische Literatur und Arabistik zu belegen. Arabisch aufgrund meines Faibles für den Orient, insbesondere Ägypten und Marokko. Nach einem Jahr wechselte ich allerdings das Nebenfach und belegte statt Arabistik Neuere Deutsche Literatur, da sich die Seminare in Arabistik ausschließlich mit Grammatik und Sprache beschäftigten (sehr trocken!).*
Nach meinem Uniabschluss stand für mich fest, dass ich gerne im Bereich Medien/ Journalismus arbeiten möchte, bevorzugt im TV. Also bewarb ich mich bei verschiedenen Zeitschriften und Fernsehsendern um ein Volontariat, was ich allerdings erst ein Jahr später im November 2006 erhielt: bei TV Oberfranken, einem lokalen TV Sender (www.tvo.de).

▶   **Wie verlief dann Ihr beruflicher Werdegang vom Studium der Anglistik zum Journalismus zur Agentur für Arbeit und zum Team Giso Weyand?** *Nach der Uni schrieb ich bestimmt knapp 100 Bewerbungen für verschiedene Stellen im Bereich Medien – zwar hatte ich auch zwei Zusagen, allerdings waren diese Stellen schlussendlich anders als in der Stellenanzeige beschrieben, weshalb ich ablehnte. Im Spätsommer 2006 bekam ich dann endlich die Zusage für ein Volontariat in der Sportredaktion von TV Oberfranken in Hof. Vorher absolvierte ich noch ein kurzes Praktikum in der Redaktion und im Bereich Presse- und Öffentlichkeitsarbeit des Gondrom Verlages in Bindlach.*
Bei TV Oberfranken war ich dann nicht wie ursprünglich angedacht nur für den Sport zuständig, sondern übernahm schnell auch Beiträge aus Politik, Wirtschaft, Kultur etc. Das letzte halbe Jahr war ich dann im Außenstudio in Bamberg hauptsächlich für Werbespots, Werbe-/Imagevideos etc. zuständig. Mündlich hatte ich auch bereits die Zusage für eine Verlängerung meines Vertrages, ich sollte eine eigene (Immobilien-)Sendung bekommen. Allerdings hat man mir kurzfristig in der letzten Woche vor Ablauf des alten Vertrages mitgeteilt, dass Werbeeinnahmen fehlten, große Kunden weggebrochen waren und sie mich deshalb nicht weiter beschäftigen könnten.

Arbeitslos von heute auf morgen nach 2 ¼ Jahren beim Fernsehen... der Gang zum Arbeitsamt war unausweichlich. Bei der Agentur für Arbeit hat mir mein Vermittler auch gleich beim ersten Beratungsgespräch eine interne Stelle angeboten bzw. ich sollte doch eine Bewerbung vorbeibringen, sie würden dringend Mitarbeiter suchen. Das kam für mich allerdings nicht in Frage, schließlich wollte ich wieder zurück in den Journalismus. Das Problem: der Markt für Journalisten war 2009 nicht sonderlich gut, vor allem nicht für jemanden wie mich, der nicht wahnsinnige viel Erfahrung vorweisen konnte. Bei meinem zweiten Gespräch dann wieder der Vorschlag, ich solle mich doch bei der Agentur bewerben. „Nein!", denn dafür hab ich wohl kaum studiert. Einige Tage später bekam ich dann einen Anruf von einer Mitarbeiterin im Arbeitgeberservice der Agentur: Kollege xy hätte gesagt, dass ich mich bewerben wolle, aber sie hätte noch keine Unterlagen von mir erhalten. Ja, richtig, weil ich mich nicht bewerben möchte! Schlussendlich habe ich dann zugestimmt, meine Bewerbungsunterlagen vorbeizubringen. Und einen Tag später hatte ich auch prompt eine Einladung zum Vorstellungsgespräch/Assessment Center. Nach vier Monaten Arbeitslosigkeit wurde mir dann eine befristete Stelle im Arbeitgeberservice in Kulmbach angeboten – die ich dann auch annahm. Die Bezahlung war ok und bevor ich gar keinen Job hatte... Dass die Stelle nicht optimal für mich war, war mir von Anfang an klar. Bürokratie und Arbeiten nach Schema F waren noch nie meines... Trotzdem blieb ich zwei Jahre bis 2011 und vermittelte mich dann quasi selbst: Das Team Giso Weyand suchte durch den Arbeitgeberservice nach einem „Schreibtalent", ich nahm die Stelle auf und gab einige Tage später persönlich meine Bewerbung ab. Am 1. August dann das Vorstellungsgespräch und noch am gleichen Tag bekam ich die Zusage. Ich war gerade auf dem Weg zum Annafest in Forchheim, als Eva Ploß anrief: ich hätte die Stelle und könne im September anfangen.

▶ **Welche Aspekte sind bei einem Quereinstieg die schwierigsten Hürden?** *Ganz klar, die fachliche Einarbeitung – der Aufwand ist wesentlich größer als bei einem Job, bei dem man einen Großteil des Fachlichen durch Uni oder vorhergehende Stellen abdecken kann. Sowohl bei TVO als auch bei der Agentur und meinem jetzigen Job musste ich mir viel Wissen selbständig erarbeiten. Beim Fernsehen lernt man allerdings viel durch learning by doing, bei der Agentur kann man gut ältere, erfahrene Kollegen fragen oder sich die Themen wie gesetzliche Vorschriften, Regelungen etc. anlesen, hier beim Team Giso Weyand musste ich mir alles selbst erarbeiten. Das unterschätzt man schon sehr am Anfang.*

▶ **Welche Rolle spielt ein gewisses Selbstmarketing für den Bewerber?** *Beim Vorstellungsgespräch ist es immens hilfreich, wenn man sich gekonnt „verkaufen" bzw. in Szene setzen kann. Insbesondere als Quereinsteiger geht es ja zum Großteil darum, seinem Gegenüber das Gefühl zu vermitteln, dass man den Job auch ausfüllen und erfüllen kann obwohl man die fachlichen Voraussetzungen dazu nicht hat.*

▶ **Welche Soft Skills haben Ihnen geholfen?** *Durchsetzungsvermögen, schnelle Auffassungsgabe, Kommunikationsgeschick*

▶ **Was hat Ihnen außerdem noch viel geholfen?** *Die Unterstützung von Familie und Freunden, die sich oft stundenlang meine Tiraden von Beschwerden anhören mussten, wie schwierig doch alles im neuen Job ist. Und natürlich meine neuen Arbeitskollegen, die geholfen haben soweit möglich.*

▶ **Welche Rolle haben Ihre vielen Fremdsprachen im Rahmen Ihrer beruflichen Entwicklung gespielt?** *Leider keine. Denn bei keinem Job waren Fremdsprachen eine Voraussetzung.*

▶ **Welche beruflichen Schritte würden Sie im Rückblick eher anders machen?** *Hm, schwierig. Eigentlich bin ich sehr zufrieden, wie mein Leben bisher verlaufen ist.*
Ich denke, ein Jahr im Ausland – entweder während des Studiums oder auch im Anschluss – wäre sehr schön gewesen bzw. das bereue ich ein wenig privat, es nicht getan zu haben.
Von meinen Interessen her wären viele Studiengänge in Frage gekommen z. B. Architektur und Kunstgeschichte – und sie hätten mir bestimmt auch Spaß gemacht, aber mein berufliches Leben wäre dann wohl anders verlaufen.

▶ **Was empfehlen Sie generell Quereinsteigern? Was würden Sie ihnen mit auf den Weg geben wollen?** *Gerade als Quereinsteiger ist man für Unternehmen überaus wertvoll, da man Dinge aus einer anderen Perspektive sieht, neue Ideen und Impuls mitbringt. Wichtig ist, dass man sich in seinem Job und den dazugehörenden Aufgaben wohlfühlt – und nicht aufgibt, auch wenn es vor allem am Anfang schwierig ist. Als Quereinsteiger ist man keine Notlösung, sondern ein Zugewinn fürs Unternehmen!*

▶ **Wo geht Ihr beruflicher Zug in der Zukunft hin? Haben Sie aktuell Ihren Platz gefunden oder kann es vielleicht nochmals gewisse Veränderungen geben?** *Ich bin ein Mensch, der im Hier und Jetzt lebt. Wichtig ist mir, dass ich mich immer wieder gefordert fühle, nicht auf der Stelle trete, mich beruflich wie privat weiterentwickeln kann. Realistisch betrachtet ist es wohl nicht sehr wahrscheinlich, dass ich in 30 Jahren immer noch hier sitze und den gleichen Job mache. Aber momentan bin ich sehr zufrieden und fühle mich wohl. Wer weiß, vielleicht sitze ich in 30 Jahren in einem kleinen Häuschen am Strand, schaue aufs Meer hinaus und schreibe mein nächstes Buch – alles ist möglich.*

▶ **Wird der Arbeitsmarkt generell zukünftig noch einfacher für Quereinsteiger werden bzw. werden es Quereinsteiger leichter haben? Was meinen Sie?** *Ganz klare Meinung: Quereinsteiger werden für Unternehmen immer interessanter werden – und das nicht nur wegen des drohenden Fachkräftemangels. Immer mehr Unternehmen werden sich Quereinsteigern öffnen, da diese meist vielseitig interessiert, flexibel einsetzbar, wissbegierig und offen für Neues sind.*

Key-Learnings
- Selbstmarketing kann im Bewerbungsprozess überaus hilfreich sein.
- Einarbeitungsphasen kosten Zeit und Energie.
- Kontinuierliche Weiterentwicklung gehört zum Berufsleben dazu.

12.8   Interview mit Marc Müller, selbstständig

An sich und seine Idee glauben

Ein Interview mit dem Quereinsteiger **Marc Müller**, Inhaber von marcmueller – your guide in hamburg.

▶ **Was wollten Sie als Kind werden?** *Ich wollte lange Zeit Flugbegleiter werden, weil ich viel reisen und viel sehen wollte, aber dann entschied ich mich für das Ziel Mitarbeiter im diplomatischen Dienst. Da ich zu einem geburtenstarken Jahrgang zähle, hatte ich nach dem Abitur keine Ausbildungsstelle, schaffte es beim Auswärtigen Amt nicht mal zum Einstellungs-*

test und absolvierte dann meinen Pflichtwehrdienst. Danach begann ich eine Ausbildung als Bankkaufmann bei der Stadtsparkasse in Trier, wo ich anschließend noch 4 Jahre blieb, bevor ich dann für 6 Jahre zu einer Euro-bank nach Luxemburg wechselte.

▷ **Wie sind Sie dann Stadtführer geworden?** Da es mir zu „aufregend" war, immer neue Zahlen zu bearbeiten (ich arbeitete mittlerweile in einem internationalen, amerikanischen Unternehmen in Hamburg in der Lohn-buchhaltung), suchte ich Ausgleich. Darum erlernte ich noch in Trier die Berufe Fremdsprachlicher Korrespondent Englisch und Fremdsprachlicher Korrespondent Französisch. In Hamburg belegte ich noch einen Schwe-disch-Kurs bei einer Muttersprachlerin. Weil mir Sprachen zu einseitig waren, trat ich in die Kurverwaltung St. Pauli e. V. ein, machte dort ehren-amtlich die Buchhaltung und begann, Gäste aus nah und fern ehrenamt-lich über St. Pauli zu führen. Der Erlös der Touren fließt gemeinnützigen, künstlerischen und sozialen Zwecken im Stadtteil zu. Die Führungen mach-ten mir unerwartet so viel Spaß und ich bekam so viel Zuspruch von Gäs-ten, dass ich mich auf weitere Stadtteile spezialisierte und mich nach ein paar Jahren selbstständig machte.

▷ **Welche Aspekte waren bei diesem Quereinstieg die schwierigsten Hürden?** Persönlich: Vom Angestellten mit einem sicheren, fixen und sehr guten Einkommen zu einem Unternehmer mit ganz anderen Risiken und „Sorgen" zu werden. Allgemein: Unterstützung zu finden. Bis man sich durch den Wust an gesetzlichen Bestimmungen, Unterlagen, Fristen, sonstigen Voraussetzungen, möglichen finanziellen Zuwendungen, etc. gearbeitet hat, vergeht schon einige Zeit. Die Bürokratie in Deutschland ist teilweise unsäglich.

▷ **Was war eher einfach und verlief durchaus problemlos?** Eine Sach-bearbeiterin beim zuständigen Arbeitsamt, die kompetent und vor allem hilfsbereit war, hat mich in ein 13tägiges Gründungsseminar gesteckt, in der genau diese Fragen von Fachleuten verschiedener Branchen geklärt wurden. Beim Businessplan hat mich mein Steuerberater unterstützt und ich habe ein gefördertes Gründungscoaching bei der Gründungsexpertin Svenja Hofert in Anspruch nehmen können. Das alles hat mir sehr geholfen.

▷ **Welche Soft Skills haben Ihnen geholfen?** Ganz sicher der Glaube an mich selbst und dass ich es trotz gefühlter 3.000 Gästeführer in Hamburg schaffen kann.

► **Was hat Ihnen außerdem noch viel geholfen?** *Teile des Gründungsseminars – aufgrund meiner Berufsausbildung waren mir die meisten Dinge allerdings nicht neu. Außerdem half mir das Coaching und Gespräche mit vielen Menschen, die gerade gegründet hatten. Hier habe ich diverse Treffen aufgesucht und genetzwerkt.*

► **Welche Fähigkeiten Ihrer früheren beruflichen Erfahrungen und Kompetenzen sind heute noch wichtig für Ihren derzeitigen Beruf?** *Ganz klar: Buchhaltung. Da ich immer auf dem Zettel habe, welche Steuern/Abgaben wann zu bezahlen sind und ich deren Höhe, bzw. Prozentsätze kenne, gebe ich das Geld dafür nicht aus, sondern lege es beiseite. Das hat mir im 3. Geschäftsjahr nicht das berufliche Genick gebrochen so wie vielen anderen, die nicht daran denken, was alles bspw. ans Finanzamt an diversen Steuern abzuführen ist.*

► **Welche beruflichen Schritte würden Sie im Rückblick eher anders machen?** *Das ist schwer zu beantworten, denn im Nachhinein mit dem Wissen von heute etwas anders zu machen ist leicht. Ich bin der Überzeugung, dass jeder seinen eigenen Weg im Leben gehen muss und nur so lernt und weiterkommt. Und das geschieht ja meistens durch Rückschläge und Widerstände. Erfolge bestätigen zwar, werden aber nicht als Lernprozesse empfunden. Daher würde ich nichts anders machen.*

► **Was empfehlen Sie generell Quereinsteigern? Was würden Sie ihnen mit auf den Weg geben wollen?** *Zu allererst: Informieren, informieren, informieren und sich beraten lassen. Beim Steuerberater wegen des Businessplanes, bei Gründern wegen Hilfestellung: Was muss man wo beantragen und welche Zuschüsse gibt es? Also: Netzwerken. Und nicht zuletzt: An sich und seine Idee glauben und sich nicht von anderen verrückt machen oder von der Geschäftsidee abbringen lassen (es sei denn, der Steuerberater schüttelt schon den Kopf wegen der finanziellen Vorschau oder das Vorhaben ist unrealistisch)*

► **Wo geht Ihr beruflicher Zug in der Zukunft hin? Haben Sie aktuell Ihren Platz gefunden oder kann es vielleicht nochmals gewisse Veränderungen geben?** *Es kann durchaus noch Veränderungen geben. Ich liebe meinen Job und möchte ihn auch nicht aufgeben. Allerdings finde ich auch andere Dinge spannend. Und als Selbstständiger stehen mir dann zusätzliche Tätigkeiten offen. Vielleicht veranstalte ich auch mal Events,* *schreibe einen Krimi, lehre stundenweise Buchhaltung oder moderiere eine Show oder Gesprächsrunden. Alles Dinge, zu denen ich Lust habe. Und wer weiß, was das Leben noch bringt.*

▶ **Wird es Ihrer Meinung nach beruflichen Quereinsteigern leicht gemacht oder gibt es viele behördliche Schwierigkeiten, die zu lösen sind?** *Als Quereinsteiger braucht man schon eine starke Persönlichkeit, um nicht vorzeitig aufzugeben, denn es gibt viele behördliche Hürden, mittlerweile auch kaum noch Gründungszuschuss, viele unfähige Mitarbeiter in den Arbeitsämtern, denen man ausgeliefert ist und die einem alles versauen können, nur weil sie sich nicht auskennen. Amerika mag viele Nachteile haben, aber dort kann man auch ohne irgendwelche großartigen Vorbildungen irgendwelche Jobs machen. Wenn es nicht klappt, dann eben der nächste Job. Und wenn man mal einen Crash hinlegt, dann gilt man nicht gleich als Versager wie in Deutschland und kann wieder etwas anderes machen. Hier in Deutschland wird bei vielen Dingen zu viel Wert auf für den ausgewählten Job unnötige Vorkenntnisse gelegt und man muss fast überall irgendeinen Nachweis erbringen, um irgendetwas zu bekommen oder in Anspruch nehmen zu können. Bürokratie ist gut, aber wir haben zu viel davon.*

Key-Learnings
- Es kann hilfreich sein kompetente Unterstützung zu suchen.
- Es gilt den Glauben an sich selbst nicht zu verlieren.
- Es ist ratsam zielstrebig im Umgang mit Behörden agieren.

12.9   Interview mit Oliver Markus Müller von iq digital media marketing

Dies bedingt natürlich eine sehr hohe Flexibilität.

Ein Interview mit dem Quereinsteiger **Oliver Markus Müller**, Key Account Manager Online bei iq digital media marketing.

▶ **Vom Produktmanager zum Retail-Mediaberater über den Key-Accounter und Sales Director auf Firmenseite bis hin zum Senior**

Sales Manager und schließlich Key-Accounter auf Agenturseite: Sie haben ganz schön viel gemacht in den letzten zehn Jahren. Wie haben Sie den Berufseinstieg gemeistert? *Ich bin immer mit der entsprechenden Neugier und Begeisterung an neue Herausforderungen herangetreten, die Eigenarten jeder Branche habe ich gerne mit entsprechender Faszination aufgenommen. Bereits nach der Ausbildung zum Verlagskaufmann und mit meiner ersten Tätigkeit habe ich die an mich gestellten Aufgaben immer mit großem Engagement und mit dem Willen des bestmöglichen Ergebnisses verfolgt: Ich habe ein Netzwerk aufgebaut, mich in die Logiken der Branche eingelesen und Kollegen als Wissensträger genutzt.*

▶ **Was hat Sie dazu bewogen, im Schnitt alle zwei Jahre zu wechseln?** *Hierfür gab es für mich unterschiedliche Gründe. Den etwas banaleren Grund vorangestellt: Die schnelle Erhöhung, wie soll es für einen Schwaben anders sein, auf die nächste Gehaltsstufe kann durch einen Wechsel am ehesten realisiert werden. Dies bedingt natürlich eine sehr hohe Flexibilität, insbesondere privat. Hauptgrund für mich in der Vergangenheit war jedoch, mich sowohl beruflich als auch privat gerne breit an Erfahrung aufzustellen. Ich war stets offen für alles. Sicherlich hat die Spezialisierung als Fachkraft für einen Bereich oder eine Branche ihre Berechtigung, ist in manchen Berufen auch unerlässlich und wird sogar als Anforderung gestellt. Kompetenz, Souveränität im Berufsleben und die Fähigkeit, Probleme zu lösen, entstehen jedoch für mich unter anderem durch Erfahrung. Zum Beispiel kann einen nach der dreißigsten Messe nur noch wenig überraschen. Jede Erfahrung, jede neue Situation, die wir meistern, ist ein weiterer Schritt, sich selbst voranzubringen. Jeder Wechsel brachte das Potenzial mit sich, mehr zu lernen. Ich konnte somit in einige Branchen Erfahrungen sammeln, gleichzeitig jedoch auch meine Kompetenzen im Vertrieb perfektionieren. Dies hat mir stets bei meiner Verkaufstätigkeit geholfen. So habe ich mich zu einem Experten im Verkauf entwickelt und konnte die Spezialisierung im B2B-Vertrieb ausbauen. In der horizontalen Positionierung findet sich somit wieder der rote Faden.*

▶ **Welche Ihrer Eigenschaften macht Sie beruflich so erfolgreich? Schließlich ist in Ihrem Lebenslauf ein roter Faden erkennbar und Sie sind immer eine Stufe weiter geklettert auf der Karriereleiter...** *Ein Punkt ist die eben erwähnte Erfahrung. Hinzu kommt ein starker Ehrgeiz, mich schnell und erfolgreich in meiner Tätigkeit zu positionieren.*

Nur dann kann ich meinen Aufgabenbereich erfolgreich ausfüllen, Kunden gut und kompetent beraten und schnelle Vertriebserfolge vorweisen. Im Verkauf ist es auch sehr wichtig, sich seinen Kunden gegenüber empathisch zu zeigen, flankierend dazu kann auch die angesprochene Erfahrung hilfreich sein. Wenn man sich über seine Erfolge und Kompetenzen bewusst ist und seinen Beruf mit Freude ausfüllt, sind der weitere Weg und eine Karriere quasi selbst erfüllend. Erwähnen möchte ich noch, dass man auch das Bauchgefühl und den Spaß an einer Tätigkeit nicht außer Acht lassen sollte. Dies war für mich wesentlich bei dem Wechsel von der Print- zur Online-Vermarktung.

▶ **Auf welcher Seite gefällt es Ihnen besser: Unternehmen oder Agentur? Und: Warum?** *Das ist eine sehr gute Frage und bringt mich nunmehr doch etwas zum Grübeln. Ich kann Ihnen das nicht definitiv beantworten. Beide Seiten haben ihre Vorzüge und Herausforderungen. Bei der direkten Vermarktung ist man näher an den Bedürfnissen von Kunden, Branchen und den Produkten des Kunden. Der indirekte Vertrieb über zum Beispiel Mediaagenturen oder Distributoren kann schneller und damit abwechslungsreicher sein. Der Wechsel in den Agency-Bereich war für mich definitiv eine neue Herausforderung und Erfahrung, denn hier greifen zum Teil andere Mechanismen, wenn auch die Basis und Grundlage der Vertriebstätigkeit die gleiche ist.*

▶ **Was raten Sie Quereinsteigern, die in den Verkauf/Vertrieb wechseln wollen?** *An einen klassischen Quereinstieg in den Verkauf/Vertrieb glaube ich persönlich nicht – es ist eher die Freisetzung von bestehenden Potenzialen einer Verkäuferpersönlichkeit. Sie kennen die Fabel vom Fuchs und dem Skorpion? Ein Skorpion will einen Fluss überqueren, kann aber nicht schwimmen. Da kommt ein Fuchs vorbei. Der Skorpion fragt den Fuchs, ob er ihn nicht ans andere Ufer bringen könne. Der Fuchs verneint: „Schau, lieber Skorpion, ich traue dir nicht. Sobald ich dich auf meinen Rücken lasse, würdest du mich stechen. Dann sterbe ich." Der Skorpion meint: „Aber da wäre ich ja dumm. Sobald du stirbst, gehst du unter und ich mit dir. Dann würden wir beide sterben. Du an meinem Gift, ich würde ertrinken. Daher sei dir gewiss: Ich steche dich nicht!" So lässt sich der Fuchs überreden. Der Skorpion klettert auf seinen Rücken und die beiden schwimmen los. In der Mitte des Flusses sticht der Skorpion den Fuchs. Der Fuchs schreit auf: „Skorpion, was hast du getan!? Wieso hast du mich gestochen? Jetzt sterben wir beide!" Der Skorpion sagt: „Ja, was soll ich machen? So ist nun einmal meine Natur..."*

Einer solchen Verkäuferpersönlichkeit empfehle ich jedoch offen, mit Freu-
de, Interesse und Ausdauer in den Bereich einzusteigen, Kreativität und
Empathie für den Kunden zu entwickeln, Erfahrungen zu sammeln und zu
reflektieren. „Wer fragt, der führt" ist ein Grundsatz, an den ich glaube und
so sollte man auch immer aufgeschlossen gegenüber Menschen sein und
mit starkem Interesse an seiner Umwelt durchs Leben gehen. Zum Beispiel
die Offenheit, einen Berater aus dem Versicherungsbereich schlichtweg
einmal zu sich nach Hause einzuladen und in Folge seine Verkaufsmethode
zu analysieren, kann ein Türöffner sein – vielleicht auch mit einem Schmun-
zeln, denn die Verkaufsmethoden sind im B2B-Bereich nicht im Detail an-
wendbar. Alles in allem sollte man Spaß an seiner Tätigkeit und an der Ver-
marktung seiner Produkte haben!

▶ **Wo wollen Sie in fünf Jahren stehen?** *Ich habe keine Karriereplanung*
in dem Sinne. Der Markt verändert sich stetig und wie auch die Finanz-
krise aufgezeigt hat, können äußere Einflüsse Branchen unplanmäßig ver-
ändern. Wichtig für mich ist, dass ich weiterhin Spaß an meiner Tätigkeit
habe, meine gesammelten Erfahrungen und Kompetenzen einbringen
sowie Erfolge erzeugen kann – denn das ist es letztlich, was einen Verkäufer
definiert.

Key-Learnings
- Neugier und Begeisterung für neue Herausforderungen sind wichtig.
- Spaß haben an einem Aufgabenbereich – das gehört ebenfalls dazu.
- Offenheit gegenüber dem Leben generell ist ebenfalls empfehlenswert.

12.10   Interview mit Jan Thomas Otte von Accenture

Als Quereinsteiger im Consulting – am Beispiel Accenture

Wie kann der Quereinstieg im Consulting gelingen? **Jan Thomas Otte**, Berater im
Bereich „Talent & Organisation" mit Schwerpunkt Personal- und Organisationsent-
wicklung, in der Managementberatung von Accenture verrät es.

▶ **Wie verlief Ihr Ausbildungsweg?** *Im Zuge von Bachelor, Bologna und*
Co sind viele Studiengänge recht verschult geworden, so zumindest meine
Wahrnehmung. Theologie war für mich da so etwas wie der letzte Hort
für Generalisten. Das Studium ist vielseitig, vieles aus anderen Disziplinen

wird dort abgedeckt: Sprachen, Geschichte, Psychologie, Philosophie und Ethik. Und so habe ich dann im Dezember 2011 an der Ruprecht-Karls-Universität in Heidelberg mein Diplom in Evangelischer Theologie gemacht. Dazu kam ein paralleles Masterstudium in Princeton, welches ich zeitgleich abgeschlossen habe.

▶ **Wie ging es dann beruflich weiter?** *Bei einem informellen Recruiting-Event einer Strategieberatung während des Grundstudiums dachte ich zum ersten Mal über einen Einstieg in die Wirtschaft nach. Danach habe an der Universität Augsburg einen Onlinekurs gemacht, der „BWL für Geisteswissenschaftler" heißt. Zurück aus meinem Auslandsstudium in den USA habe ich über das Karrierenetzwerk E-Fellows von einem weiteren Event gelesen, diesmal von Accenture. Ich habe mich angemeldet, in derselben Woche ein Auswahlgespräch geführt und eine Einladung zu der Veranstaltung erhalten. Es ging natürlich für das Unternehmen auch darum Studierende kennenzulernen und sich auszutauschen. Anschließend habe ich ein Jobangebot erhalten – ohne offizielle Bewerbung auf eine Stellenausschreibung!*

▶ **Wie kann man sich Ihren Arbeitsalltag vorstellen?** *Ich bin momentan in meinem zweiten Beraterjahr. Die Aufgaben sind vielseitig und lassen sich kaum in ein paar Worten zusammenfassen. Als Einsteiger habe ich schwerpunktmäßig das Projektmanagement unterstützt, angefangen vom Koordinieren und Kalkulieren bis hin zum Entwickeln von Präsentationen. Mittlerweile arbeite ich mehr in den Bereichen Kommunikation und Change Management auf Großprojekten.*

▶ **Wie hilft Ihnen hierbei Ihr ursprüngliches Studium?** *Vieles basiert auch in der Beratung auf Verständnis, Teamwork und der Bereitschaft, sich ständig in neue Themengebiete einzuarbeiten. Konkretes Fachwissen für den Job habe ich von meinen Professoren natürlich nicht erwartet. Ich habe aber gelernt, wie wissenschaftliches Arbeiten funktioniert, strukturiert und nachvollziehbar zu denken sowie Argumentationsketten für bestimmte Probleme zu entwickeln. Theologie hilft mir über diese Methoden hinaus, niemals den Blick für das Ganze zu verlieren.*

▶ **In welcher Weise sind betriebswirtschaftliche Kompetenzen für Ihre Tätigkeit relevant?** *Das meiste habe ich das „on the job" gelernt, in Praktika vor und während des Studiums und jetzt eben bei Accenture. In der Beratung gibt es viele neue Begriffe, die man verstehen muss. Aber* *das war in der Theologie nicht anders. Diese Vokabeln kann man lernen, bei mir beispielsweise in dem bereits erwähnten Onlinekurs „BWL für Geisteswissenschaftler". Wirklich beherrschen tut man die Sprache aber erst im täglichen Gebrauch.*

▶ **Mal konkret gefragt: Auf welche Hard Skills und welche Soft Skills kommt es bei Ihrem Arbeitsalltag an?** *Die wichtigste persönliche Voraussetzung? Eine gesunde Portion Neugier und den Mut, auf unterschiedlichste Menschen in ganz unterschiedlichen Situationen zuzugehen. In der Managementberatung ist ein akademischer Titel die Einstiegsvoraussetzung. Die meisten haben den bei uns ganz klassisch in BWL, einige haben aber auch Psychologie studiert. Und einer unserer Partner ist studierter Konzertpianist, aus Großbritannien kommend, wo die Kombination BWL und Geisteswissenschaften gar nicht so ungewöhnlich ist. In der Technologieberatung bei Accenture ist übrigens auch ein Einstieg als Fachinformatiker möglich.*

▶ **Gibt es teilweise auch Vorurteile gegenüber Theologen im Consulting?** *Klar, das sorgt für manches Schmunzeln beim ersten Gespräch. Je länger ich aber in der Beratung bin, desto weniger wird mir die Frage nach meinem Studienabschluss gestellt. Dem Kunden wie auch meinen Kollegen sind Talente viel wichtiger als der reine Titel, mit oder ohne Bestnote. Daher werde ich vielmehr gefragt: „Was kannst du? Was hast du bisher gemacht? Wie kannst du uns am besten unterstützen?"*

▶ **Haben Sie gewisse berufliche Ziele, die Sie noch gerne verwirklichen würden?** *Eine Management-Beratung für den Papst – das wäre ohne Zweifel noch ein Ziel von mir. Die Kirche hat vor allem im sozialen Bereich einen wichtigen Auftrag, finde ich. Dazu braucht es Spenden und Steuergelder. Zwar muss die Kirche nicht wie unsere Konzernkunden Profit erwirtschaften, aber dafür umso verantwortungsvoller mit den ihnen anvertrauen Geldern wirtschaften.*

Key-Learnings
- Bestimmte Kompetenzen sind auch auf andere berufliche Kontexte gut übertragbar.
- Andere Fähigkeiten können „on the job" erlernt werden.
- Neugier und Mut sind unerlässlich.

12.11   Interview mit Dr. Stephan Russ-Mohl, Professor an der Universität Lugano

Queraussteiger statt Quereinsteiger: Der Wandel des Berufsfelds Journalismus

Ein Interview mit **Prof. Dr. Stephan Russ-Mohl** vom Europäischen Journalismus-Observatorium, der Universität Lugano

▶ **Der Journalismus gilt oft als Auffangbecken für Quereinsteiger aus allen möglichen Branchen. Warum ist das so? Und: Würden Sie heute einem Quereinsteiger den Sprung in die Medienwelt empfehlen?** *Der Journalismus ist ein so vielschichtiges und facettenreiches Berufsfeld. Daher sind generelle Empfehlungen für Quereinsteiger sehr schwer, gelten doch für Infotainment-Journalisten andere Tipps als für Journalisten, die später für hoch seriöse Qualitätstitel wie die Neue Zürcher Zeitung oder die FAZ schreiben wollen. Um bei Letzterem zu bleiben, empfehle ich, sich fundiertes Fachwissen in dem Bereich anzueignen, über den man berichten möchte. Kommunikationsstärke ist ebenfalls Voraussetzung für jeden guten Journalisten – schon allein, um an Quellen und Informanten für Geschichten zu kommen. Lebenserfahrung, ein überdurchschnittliches Allgemeinwissen und Menschenkenntnis verbunden mit Empathie helfen sicherlich auch. Allerdings gebe ich Quereinsteigern unter den Bedingungen der heutigen Medienwelt keine großen Chancen mehr. Viel wahrscheinlicher ist eher der Queraustieg – also der Jobwechsel hin zu anderen Branchen, wie etwa den Public Relations, weil viele feststellen, dass der Journalismus nicht mehr genug Lohn abwirft. Berufseinsteiger in der Medienwelt haben mittlerweile meistens eine journalistische Ausbildung durchlaufen, das zeigen auch Studien. Früher war das anders, da hatten Quereinsteiger bessere Chancen, nicht zuletzt, weil die Nachfrage größer war als sie heute noch ist.*

▶ **Sie waren selbst mal Quereinsteiger. Als Verwaltungswissenschaftler sind Sie 1985 auf eine Publizistik-Professur berufen worden. Warum sind Sie dem Ruf gefolgt?** *Der Ruf war der größte Glücksmoment meines gesamten Berufslebens. Wenn auch mit sehr viel nachfolgender Arbeit verbunden, hat mir der Umstieg doch teilweise das Zwei- oder Dreifache an Zeitaufwand abverlangt im Vergleich zu einem Direkteinsteiger, insbesondere zur Vorbereitung der Lehre in den ersten Semestern. Oftmals hatte ich eine Woche Vorsprung vor meinen Studenten, um mir die entsprechenden Studien und Forschungsergebnisse anzueignen, die ich brauchte, um die Vorlesung zu halten. Allerdings war ich kein kompletter*

Neuling auf dem Gebiet: Ich war zwar Verwaltungswissenschaftler, hatte aber eine praktische journalistische Ausbildung absolviert und musste für den Ruf habilitationsäquivalente Leistungen nachweisen. Meine fünfjährige Erfahrung als Projekt- und Forschungsmanager bei der Robert Bosch Stiftung im Bereich Wissenschaftsjournalismus brachte mir vielerlei Vorteile und Wissensvorsprünge und hat beim Quereinstieg sicherlich geholfen.

▶ **Als Gründer und Leiter des Europäischen Journalismus-Observatoriums und jahrzehntelanger Publizistik-Professor haben Sie Ihr Leben dem Journalismus gewidmet. Warum?** *Der Journalismus ist Zeit meines Berufslebens, beginnend mit meinen Erfahrungen als Schülerzeitungsredakteur, ein spannendes Berufsfeld geblieben – besonders vor dem Hintergrund seiner gesellschaftlichen Bedeutung und Funktion als feste Säule der Demokratie. Auch wenn ich schon relativ früh die Seiten gewechselt habe und zum Forscher, Beobachter und Kritiker des Journalismus geworden bin.*

▶ **Sie haben die Entwicklung des Qualitätsjournalismus als Forscher noch intensiver verfolgt, als so mancher alte Hase in der schreibenden Zunft. Was sind Ihre größten Bedenken, Hoffnungsträger und wie wird er sich in Zukunft entwickeln?** *Die große Sorge ist, dass es wegen des Internets, vor allem aber wegen der mangelnden Zahlungsbereitschaft von uns allen, mit dem Qualitätsjournalismus steil bergab geht – weil schlicht und ergreifend nicht genug Geld da ist für tief greifende, investigative Recherchen, die einen exzellenten Journalisten ausmachen. Die Hoffnungsträger sind zum einen kleine Start-ups, die den großen Fischen in überschaubaren Teilgebieten lehren, was man dank der neuen Technologien alles machen kann. Zum anderen sind es Titel wie die New York Times oder The Guardian, die Neue Zürcher Zeitung oder die FAZ, die mit Weltklasse-Journalismus überzeugen. Allerdings ist mindestens einer der vier in den roten Zahlen und damit Hoffnungsträger und Sorgenkind zugleich.*

▶ **Eine letzte Frage: Hat Paid Content eine Chance?** *Die Denke, im Internet habe alles gratis zu sein, was mit Informationen zu tun hat, ist sicherlich schwer aus den Köpfen zu bekommen. Allerdings sehe ich keine andere Chance, als unterschiedliche Bezahlmodelle auszuprobieren, wie es beispielsweise Axel Springer gerade als Vorreiter in Deutschland tut. Sonst ist die Gefahr groß, dass journalistische Angebote nach und nach wegbrechen, wie etwa die Financial Times Deutschland.*

Key-Learnings
- Die Arbeitswelt, u. a. auch der Journalismus, ist ständig in Bewegung.
- Veränderte Arbeitsmarkt-Rahmenbedingungen ermöglichen auch neue Berufswege.

12.12 Interview mit Anke Schumacher von 8Soft

Mut zu Konflikten

Ein Interview mit der Quereinsteigerin **Anke Schumacher**, Niederlassungsleiterin der 8Soft GmbH, ein Spezialdistributor für Security- und Opensource-Software.

▶ **Was war ihr Traumberuf?** *Mein Berufsziel war der gehobene Dienst im Auswärtigen Amt.*

▶ **Wie verlief dann Ihr beruflicher Werdegang vom Studium der Sozialwissenschaften bis hin zur IT-Branche?** *Da ich mir große Teile meines Studiums selbst finanzieren musste, war mir zum einen wichtig, das Studium möglichst in der Regelstudienzeit abzuschließen. Zum anderen wollte ich unbedingt Auslandserfahrungen sammeln. Im Nachhinein betrachtet habe ich schon durch die Wahl meiner Studentenjobs meinen Weg in Richtung IT-Branche geebnet. Vor allem durch meine Mitarbeit in einem Marktforschungsinstitut konnte ich einen Praktikumsplatz in einem IT-Unternehmen erhalten und wurde anschließend übernommen.*

▶ **Welche Aspekte waren bei diesem Quereinstieg die schwierigsten Hürden?** *Schwierig war es, sämtliche Möglichkeiten einer Absolventin zu erkennen. Mit der männerdominierten IT-Branche hatte ich beispielsweise zuvor keinerlei Berührungspunkte. Hinzu kamen Hemmnisse aufgrund des gesellschaftlichen Bildes von Sozialwissenschaftlern in Deutschland sobald man dem universitären Umfeld den Rücken kehrt.*

▶ **Was war eher einfach und verlief durchaus problemlos?** *Nachdem ich in einem Praktikum meine Fähigkeiten unter Beweis stellen konnte, wurde ich unbefristet übernommen.*

▶ **Was hat Ihnen beim Quereinstieg geholfen?** *Softskills wie Selbständigkeit, Verantwortungsgefühl, Flexibilität, Engagement und Kommunikationsfähigkeit sowie intrinsische Motivation. Große Unterstützung erfuhr ich durch mein Netzwerk und meine Familie.*

▶ **Nochmals ganz konkret gefragt: Wie verlief dann Ihr Weg zu Niederlassungsleiterin einer IT-Firma?** *Über meine Tätigkeiten im Linux-Umfeld, konnte ich viele Kontakte knüpfen. Ein süddeutsches Unternehmen suchte nach Unterstützung im Vertrieb ihrer Software-Produkte im Norden von Deutschland. Über zwei Jahre habe ich die Niederlassung in Hannover erfolgreich aufgebaut und wurde dann zur Leitung ernannt.*

▶ **Welche Fähigkeiten Ihrer früheren beruflichen Erfahrungen und Kompetenzen sind heute noch wichtig für Ihren derzeitigen Beruf?** *Selbständiges und strukturiertes Arbeiten, hohe Eigenmotivation, Problemlösungsstrategien, Interdisziplinäres Denken, Fremdsprachenkenntnisse, Kommunikationsfähigkeit und der Umgang mit Menschen.*

▶ **Welche beruflichen Schritte würden Sie im Rückblick eher anders machen?** *Ehrlich gesagt würde ich nichts anders machen. Ich möchte die einzelnen Erfahrungen nicht missen, auch wenn es nicht immer leicht war.*

▶ **Was würden Sie Quereinsteigern mit auf den Weg geben?** *Der Aufbau eines Netzwerks ist in meinen Augen sehr wichtig und kann enorm unterstützen – in jeder Phase. Darüber hinaus ist der Mut zu Konflikten hilfreich, um seinen eigenen Weg zu gehen.*

▶ **Haben Sie aktuell Ihren Platz gefunden oder kann es vielleicht nochmals berufliche Veränderungen geben?** *Veränderungen möchte ich nicht ausschließen. Derzeit bin ich im mittleren Management tätig, da ist noch Luft nach oben.*

Key-Learnings
- Es gilt den Mut für neue Wege zu finden.
- Es ist empfehlenswert beruflich relevante Kontakte zu knüpfen.
- Praktika erleichtern den Quereinstieg.

12.13   Interview mit Dietmar Stengel, selbstständig

Man lernt im Leben nichts umsonst

Ein Interview mit dem Quereinsteiger **Dietmar Stengel**, Projektmanager und Trainer.

► **Was wollten Sie als Kind werden?** *Ich bin in der Lausitz aufgewachsen. In einer Region, in der die Arbeitswelt stark durch den Braunkohleabbau bestimmt war. Eine Welt in der ich nicht arbeiten wollte. Ich war schon als Kind sehr naturorientiert. So fiel die Entscheidung auf den seltenen Beruf des Schäfers. Damit war auch verbunden, dass ich die Lausitz verlassen musste.*

► **Wie verlief dann Ihr beruflicher Werdegang von der Schäferausbildung zum Projektmanager und Trainer? Können Sie das einmal im Detail schildern?** *Leben ist nicht planbar. So haben auch immer wieder Zufälle oder nicht zu beeinflussende private und gesellschaftliche Veränderungen den beruflichen Weg bestimmt. Der erste Beruf war für mich wirklich das, was viele suchen: Mein Traumberuf. Ich sage immer noch: „Es ist der schönste Beruf der Welt". Jedoch entstand in mir auch der Wunsch, sich beispielsweise durch ein Studium weiterzuentwickeln. Ich war als Jugendlicher sehr engagiert in der politischen Jugendarbeit. Somit führte mich mein Weg nach Berlin und zum Studium an die Jugendhochschule. Hier war ich dann viele Jahre in der Jugend- und Kulturarbeit tätig. Ich begann sogar ein zweites Studium als Kulturhausleiter.*
Wie für viele Menschen war auch für mich die Wende ein beruflicher Einschnitt. Zu der Zeit war ich in Berlin mit meiner eigenen vierköpfigen Familie sesshaft geworden. Mit 31 Jahren war es meine Aufgabe, sich in einem veränderten gesellschaftlichen Umfeld neu zu orientieren. Ich erfuhr von einer Möglichkeit, bei Spitzenhotels in Berlin eine Ausbildung zum Koch zu beginnen. Es war ein weiterer Beruf, dem ich zwei Jahre mit sehr viel Leidenschaft nachgegangen bin. Neue gesetzliche Rahmenbedingungen ermöglichten es mir nicht diese Ausbildung zu beenden. Ich wechselte als absoluter Quereinsteiger in das Versicherungsgewerbe. Schließlich musste ich nach wie vor meine Familie ernähren können. Nach einem Jahr hatte ich Gefallen an diesem Berufsfeld gefunden und begann eine Ausbildung zum Versicherungskaufmann und ein Ergänzungsstudium zum Betriebswirt. Ich war zehn Jahre in der Versicherungsbranche, davon die letzte Hälfte selbstständig als Inhaber einer eigenen Generalagentur. Von einem

großen Unternehmen in der Automobilbranche, welches einen Trainer mit Erfahrungen im Versicherungsvertrieb sucht, wurde ich angesprochen. Ich beendete die Agenturarbeit, weil ich neugierig auf diese neue Aufgabe war. Parallel dazu entstand ein ehrenamtliches Projekt mit anderen Unternehmern zur Berufsorientierung von Jugendlichen in Berlin. Dieses Projekt entwickelte sich so, dass es nicht mehr ausschließlich im Ehrenamt zu organisieren war. Ich absolvierte eine weitere Ausbildung zum Bewerbungscoach.

▶ **Welche Aspekte waren bei diesen Quereinstiegen die schwierigsten Hürden?** *Um es in einem Satz auf den Punkt zu bringen: Die damit verbundenen Ängste und Sorgen für die Existenz in der Verantwortung für die eigene Familie.*

▶ **Gab es auch Sachen, die Ihnen eher zugeflogen sind?** *Einfach war immer, sich mit den neuen Aufgaben zu identifizieren und eine eigene Leidenschaft und Begeisterung zu entwickeln. Es fiel mir auch nie schwer, den Platz im jeweiligen Team zu finden. Problemlos war auch das Erlernen der erforderlichen Fähigkeiten.*

▶ **Welche Soft Skills haben Ihnen dabei geholfen?** *Meine Lernfreude, meine Leidenschaft für alles Neue sowie eine gute Kommunikationsfähigkeit. Generell versuche ich zuverlässig und zielorientiert zu arbeiten. Ebenso möchte ich ganz besonders die Familie und den Freundeskreis nennen, die mich stets unterstützt haben. Hinzu kommt die Erkenntnis auf sich selbst zu achten.*

▶ **Wie verlief Ihr Weg zur Arbeit als Trainer/Berater? Was war dafür ausschlaggebend?** *Der Weg war so nicht geplant. Es waren drei Aspekte: 1. 2006 war es das verlorene Vertrauen als Versicherungs- und Finanzberater ein wichtiges Thema. Ich wollte nicht mehr Produkte verkaufen, die zukünftig dem Kunden nicht den versprochenen Nutzen bringen. Dem unverständlichen Leistungsdruck wollte ich mich nicht mehr aussetzen. Diese Arbeit zu beenden, war ein richtiger Schritt. 2. Immer wieder die Zufälle im Leben – Türen, die sich öffnen. 3. Das soziale Umfeld und die Möglichkeit, sich gemeinsam mit Partnern in Projekten zu engagieren, zu gestalten und zu lernen. Es ist der Wille, mit Menschen auf der Basis gleicher Werte zusammenzuarbeiten.*

▶ **Welche Fähigkeiten Ihrer früheren Ausbildungen, Ihrer früheren beruflichen Erfahrungen und Kompetenzen sind heute noch wichtig für Ihren derzeitigen Beruf?** *Ich möchte die Frage mal mit einem Motto beantworten: „Man lernt im Leben nichts umsonst." Es ist die Summe von Erfahrungen, die mich prägt. Besonders die Leidenschaft für Neues, der Kontakt mit Menschen, jung und alt. Wichtig ist mir mein Bauchgefühl, um Entscheidungen zu treffen.*

▶ **Was empfehlen Sie generell Quereinsteigern? Was würden Sie ihnen mit auf den Weg geben wollen?** *Veränderungen gehören zum Leben, sie sind auch immer mit Ängsten verbunden aber auch eine Chance, Neues zu erleben, zu lernen. Viele Fähigkeiten und Erfahrungen sind auch in der neuen Aufgabe von Vorteil – alles andere ist erlernbar. Wichtig ist, darauf zu achten, dass auch ein neuer Beruf zu mir selber passt, ich einen Sinn und auch Freude damit verbinde.*

▶ **Wo geht Ihr beruflicher Zug in der Zukunft hin? Haben Sie aktuell Ihren Platz gefunden oder kann es vielleicht nochmals gewisse Veränderungen geben?** *Ich kann immer noch nicht in die Zukunft schauen. Ich bin überzeugt von weiteren Veränderungen, die ich jetzt noch nicht kenne. Somit kann ich auch nicht spekulieren. Ich habe einen Platz in meinem sozialen Umfeld gefunden und ein gut ausgeprägtes Wertesystem. Daraus schöpfe ich Kraft und Vertrauen für jede neue berufliche Orientierung.*

▶ **Wird es Ihrer Meinung nach beruflichen Quereinsteigern leicht gemacht oder gibt es viele behördliche, organisatorische Schwierigkeiten, die zu lösen sind?** *Ich glaube, am besten sind Aufgaben im beruflichen Quereinstieg über eigene Netzwerke und mit eigener Kraft zu bewältigen. Seinen Weg selber bestimmen zu können, ist ein hohes Gut bei jeder beruflichen Entscheidung.*

Key-Learnings
- Lernbereitschaft erleichtert neue Herausforderungen.
- Das soziale Umfeld kann ein wichtiger Rückhalt sein.
- Berufliche Netzwerke können neue berufliche Perspektiven ermöglichen.

12.14   Interview mit Dr. Jürgen Zieher von der Hochschule der Bundesagentur für Arbeit

Neue Horizonte entdecken und sich weiterentwickeln

Ein Interview mit dem Quereinsteiger **Dr. Jürgen Zieher**, wissenschaftlicher Mitarbeiter an der Hochschule der Bundesagentur für Arbeit.

▶   **Als promovierter Historiker können Sie auf erfolgreiche Erfahrungen als beruflicher Quereinsteiger verweisen. War diese Entwicklung eher ein Zufall oder waren Sie generell offen für berufliche Chancen und Entwicklungen? Wie hat sich dieser Weg ergeben?** *Ich habe in den 1990er Jahren Geschichte und Politikwissenschaft studiert mit dem Ziel, nach Abschluss meines Studiums und der Promotion als Historiker oder Politologe zu arbeiten. Einer Tätigkeit in einem anderen Bereich stand ich von Anfang an offen gegenüber – wobei ich mir bis zu meinem Examen wenig Gedanken darüber gemacht habe, was für mich konkret in Betracht käme. Mir war bewusst, dass die Chancen, eine Stelle als Historiker oder Politologe zu finden, recht gering waren. Ich hatte das große Glück, bereits wenige Wochen nach meiner mündlichen Doktorprüfung eine Stelle als Trainee bei einer politischen Stiftung antreten zu können. Bei dieser Tätigkeit kamen mir meine Kenntnisse aus dem Studium sehr zugute. Im Anschluss an das einjährige Traineeprogramm habe ich einen Zweijahresvertrag als Referent bekommen und konnte meine Arbeit in der politischen Jugend- und Erwachsenenbildung fortsetzen. Da mir diese Tätigkeit sehr gefallen hat, hätte ich sie gerne langfristig weiter ausgeübt. Leider ist mein Vertrag nicht verlängert worden und ich musste mir einen neuen Job suchen. Von Beginn an habe ich mich nicht nur für Stellen in der politischen Bildung, sondern auch für Positionen in anderen Arbeitsfeldern beworben. Dafür habe ich auch mehrere Umzüge in Kauf genommen. Nach zwei mehrmonatigen Phasen der Arbeitslosigkeit und einem vorübergehenden Intermezzo bei einer Stiftung habe ich als Quereinsteiger eine Stelle als Redakteur in einem kleinen Buchverlag gefunden. Die entsprechende Stellenanzeige hatte ich eher zufällig entdeckt. Anders als andere Redakteure musste ich kein Volontariat absolvieren. Mit dem Stellenantritt verband sich für mich die Hoffnung, dass sich in diesem Verlag eine langfristige berufliche Perspektive für mich ergibt. Im Laufe der Zeit zeigte sich jedoch, dass dies nicht der Fall sein würde, da die Auftragslage schwankte und die Zukunft des Verlags mitunter ungewiss schien. Vor diesem Hintergrund habe ich mich nach drei Jahren Verlagsarbeit – und trotz eines unbefristeten Arbeitsvertrages – entschieden, die Branche zu wechseln. Eine weitere Verlagstätigkeit strebte ich* *angesichts der schwer einzuschätzenden Folgen der Umstrukturierungen im Verlagswesen nicht an. Ich war in dieser Bewerbungsphase in viele Richtungen offen, wobei es mir wichtig war, mit bzw. für Menschen zu arbeiten. Der Quereinstieg als Arbeitsvermittler bei der Bundesagentur für Arbeit war die Option, die ich zuerst realisieren konnte. Dabei konnte ich auf Kompetenzen aus einer Fortbildung zum Bewerbungscoach sowie auf meine Erfahrungen in der Beratung von Autoren zurückgreifen. Meine Tätigkeit als Arbeitsvermittler war wiederum ein Grund, weshalb ich meine jetzige Stelle als wissenschaftlicher Mitarbeiter in einem Forschungsprojekt an der Hochschule der Bundesagentur für Arbeit bekommen habe. Insgesamt gesehen ist eine generelle Offenheit für berufliche Entwicklungen sicher eine wichtige Voraussetzung für einen erfolgreichen Quereinstieg. Was sich beruflich letztlich ergibt, hängt immer auch vom Zufall ab.*

▶ **Welche Rolle spielt die innere Einstellung beim Umgang mit zunächst neuen, unbekannten beruflichen Herausforderungen bzw. Arbeitsaufgaben?** *Meiner Meinung nach spielt die innere Einstellung eine entscheidende Rolle beim Umgang mit neuen Arbeitsaufgaben. Ich halte es für wichtig, realistische Ansprüche an sich selbst zu stellen und sich nicht allzu sehr unter Druck zu setzen. Keineswegs sollte ein Quereinsteiger von sich selbst erwarten, dass er binnen kurzer Zeit allen Anforderungen gerecht werden kann. Ein Quereinstieg eröffnet neue Horizonte und Einblicke in Arbeitsbereiche, die sich später als vielleicht genauso reizvoll wie frühere Tätigkeitsfelder erweisen. Da Berufsbiografien aus unterschiedlichen Gründen heute oft Brüche aufweisen, sollte die Bereitschaft zum Quereinstieg als Zeichen von Mut und Engagement interpretiert werden. Durch einen Quereinstieg kann ich mich vermutlich in stärkerem Maße persönlich weiterentwickeln als bei einem jahrzehntelangen Verbleib in einem Tätigkeitsfeld.*

▶ **Ist es nach Ihrer Meinung wichtig, einen klaren beruflichen Plan zu haben oder sollte man eher flexibel auf Entwicklungen im Arbeitsmarkt reagieren und sich dann daran anpassen?** *Meiner Ansicht nach hilft ein klarer beruflicher Plan in wichtigen Situationen weiter, denn er bietet eine gewisse Orientierung angesichts der Vielzahl beruflicher Optionen, die sich für die meisten Menschen mit abgeschlossener Berufsausbildung oder Studienabschluss ergeben (können). Gerade deshalb und angesichts des permanenten Wandels der Arbeitswelt ist es zugleich unabdingbar, auch flexibel auf Entwicklungen am Arbeitsmarkt zu reagieren und sich – bis zu einem individuell variierenden Maße – anzupassen.*

▶ **Auf der Basis Ihrer Erfahrungen: Wie reagieren Arbeitgeber auf Quereinsteiger? Was sollte hier vielleicht in der Zusammenarbeit verbessert werden?** *Ich habe zweimal die Erfahrung gemacht, dass Arbeitgeber positiv auf Quereinsteiger reagieren. Dabei spielt die Persönlichkeit des jeweiligen Quereinsteigers sicher eine wichtige Rolle. Meine Erfahrung will ich jedoch nicht verallgemeinern, denn es gibt wahrscheinlich auch Unternehmen, die zurückhaltend bis ablehnend auf Quereinsteiger reagieren. Angesichts des Fachkräftemangels und der abnehmenden Planbarkeit beruflicher Entwicklungen wird die Bedeutung von Quereinsteiger auf dem Arbeitsmarkt bestimmt ansteigen. Von Seiten der Arbeitgeber würde ich mir prinzipiell mehr Offenheit für Quereinsteiger und Wertschätzung für die bei Quereinsteiger vorhandenen Kompetenzen aus früheren Jobs wünschen. Denkbar sind meiner Meinung nach Rekrutierungsveranstaltungen speziell für potenzielle Quereinsteiger. Von ihnen würde ich mir mitunter mehr Mut und Selbstbewusstsein wünschen, um verstärkt aus eigener Initiative auf potenzielle Arbeitgeber zuzugehen. Hinzu kommt die Bereitschaft, an berufsspezifischen Qualifizierungsmaßnahmen teilzunehmen, um so den jeweils geltenden Anforderungen gerecht werden zu können.*

▶ **Auf welche Soft Skills kommt es bei Quereinsteigern besonders an?** *Besonders wichtig sind Flexibilität, Offenheit, Lernbereitschaft, Teamfähigkeit, Durchhaltevermögen, Selbstbewusstsein, Anpassungsfähigkeit, Kritikfähigkeit und die Fähigkeit zur Selbstreflexion. Wer über eine gewisse Selbstdisziplin und über Durchsetzungsvermögen verfügt, hat es bei einem Quereinstieg leichter.*

▶ **Welche Rolle spielen Kontakte, Netzwerke bzw. Networking?** *Bei einem Quereinstieg sind Kontakte, Netzwerke und Networking meines Erachtens sehr wichtig, denn sie können als Türöffner wirken. Im Vorfeld meiner Bewerbung als Arbeitsvermittler bei der Bundesagentur für Arbeit habe ich mich beispielsweise mit BA-Mitarbeitern unterhalten und von ihnen Informationen bekommen, die mir im Vorstellungsgespräch sehr zugute kamen. Durch Kontakte, Netzwerke und Networking lässt sich mitunter bereits vor einem Quereinstieg erkennen, ob der betreffende Aufgabenbereich den eigenen Erwartungen entspricht.*

▶ **Was sind die Vorteile, wenn man beruflicher Quereinsteiger ist? Was sind die Nachteile?** *Als Vorteile eines Quereinstiegs sehe ich die Erweiterung der eigenen Kompetenzen und die Einblicke in neue Arbeits-*

felder. Ein Quereinstieg kann sich vorteilhaft auf die Employability eines Arbeitnehmers auswirken. Nachteilig für berufliche Quereinsteiger ist die Tatsache, dass er sich als Neuling erst einmal in die neuen Aufgabenbereiche einarbeiten – und meist auch an Qualifizierungen teilnehmen muss. Mitunter sind bei einem Quereinstieg – zumindest zeitweise – auch finanzielle Einbußen zu verkraften. Ein Quereinstieg bedeutet oft – im Vergleich zur früheren Position – einen Rückschritt in der betrieblichen Hierarchie.

▶ **Welche Ratschläge würden Sie hochqualifizierten Akademikern für einen erfolgreichen beruflichen Quereinstieg geben?** *Für einen erfolgreichen Quereinstieg sind zunächst die bereits genannten Soft Skills von großer Bedeutung. Es kommt ferner darauf an, sich selbstkritisch zu fragen, welche individuellen Voraussetzungen für die angestrebte Position bestehen und welche persönlichen Erwartungen sich mit dem Quereinstieg verbinden. Ich halte es außerdem für sehr wichtig, einen Quereinstieg positiv und nicht als Zeichen des Misserfolgs – weil der Einstieg in den bzw. Verbleib im eigentlichen Arbeitsbereich nicht gelungen ist – zu bewerten.*

▶ **Wie wird Ihr beruflicher Weg in der Zukunft weitergehen? Welche Rolle spielt Ihr ursprünglicher akademischer Hintergrund dann hierbei?** *Wie mein zukünftiger beruflicher Weg weitergehen wird, lässt sich momentan nicht genau sagen. Ich habe einen befristeten Arbeitsvertrag und erst im Jahr 2015 wird sich entscheiden, ob es zu einer Verlängerung kommt. Meine generelle Offenheit für berufliche Chancen und Entwicklungen besteht weiterhin. Zugleich wünsche ich mir Kontinuität und eine langfristige Perspektive. Mein ursprünglicher akademischer Hintergrund wird hinsichtlich meiner beruflichen Zukunft allenfalls eine untergeordnete Rolle spielen. Der Doktortitel ist sicher ein Vorteil im Arbeitsleben. Ich gehe jedoch davon aus, dass ich auch zukünftig nicht als Historiker oder Politologe arbeiten werde. Damit habe ich mich gut arrangiert, denn ich habe einfach zu lange in anderen Bereichen gearbeitet und deren Vorteile kennengelernt. Rückblickend kann ich sagen, dass ich bei meiner jeweiligen Stelle stets von den Erfahrungen in früheren Arbeitsfeldern profitieren konnte.*

Key-Learnings

- Manchmal ist eine gewisse Frustrationstoleranz notwendig.
- Mut, Engagement, aber auch Realismus sind wichtig.
- Es gilt flexibel auf Veränderungen im Arbeitsmarkt zu reagieren.

Mut zum Quereinstieg

13

Zusammenfassung

Nicht nur der Fachkräftemangel und das Altern der Gesellschaft spielen Quereinsteigern in die Karten. Unternehmen in Deutschland, Europa und der Welt entdecken langsam, dass Talente, Kenntnisse und Fähigkeiten bei der Besetzung offener Stellen entscheidend sind – nicht lückenlose Lebensläufe und lebenslange Branchentreue.

Geistes- und Naturwissenschaftler, die als Unternehmensberater durch die Länder jetten, Betriebswirte oder Absolventen von Ausbildungsberufen im Marketing, Personalwesen und im Assistenzbereich und Bereichsleiter, die munter die Branche wechseln, sind längst keine Seltenheit mehr. Klar – das ist natürlich bei weitem nicht die Regel, aber zumindest auch kein Tabu mehr.

Mit talentfrogs.de gibt es die erste Jobbörse für Quereinsteiger; viele Firmen richten sich in Stellenausschreibungen explizit auch oder sogar nur an Quereinsteiger. Die Jobchancen für Seiteneinsteiger waren nie besser – egal über welche Wege: Umschulung, Weiterbildung, Headhunting, Zeitarbeit, Fernstudium, Projektarbeiten oder, oder, oder. Um die Gunst der Stunde zu nutzen, sind diese sieben Punkte für einen erfolgreichen Quereinstieg von besonderer Bedeutung:

1. Eine gute **Vorbereitung** ist die halbe Miete – es gilt den Quereinstieg als eigenständiges Projekt zu verstehen; inklusive Projektplan und Zwischenschritte, die nacheinander abgearbeitet werden.
2. **Geschützte Berufe** eignen sich nicht für den Quereinstieg (siehe Kap. 3).
3. Ein erfolgreich realisierter Quereinstieg hat eine **erschwerte Rückkehr** in den alten Job bzw. die alte Branche zur Folge.
4. (Initiativ-) Bewerbungen sollten intensiv vorbereitet sein, um dem Personaler eindrucksvoll zu vermitteln, warum man der richtige Kandidat für genau dieses Unternehmen ist und was einen zum Quereinstieg bewegt. Hierbei ist es wichtig

S. Rippler, B. Woischwill, *Erfolgreich als Quereinsteiger*, 133
DOI 10.1007/978-3-658-00869-7_13, © Springer Fachmedien Wiesbaden 2014

die eigenen, individuellen Kompetenzen hinter den bisherigen beruflichen Positionen (Stichwort „**übertragbare Fähigkeiten**") zu identifizieren und in Bezug zur Stelle bzw. dem Unternehmen zu stellen.

5. Während der Probezeit gilt es sich in besonderer Weise engagiert und interessiert zu zeigen, **Input aufzusaugen**, auf die richtigen Soft Skills zu setzen (z. B. Kommunikationsfähigkeit, Integrität) und sich die notwendigen Hard Skills anzueignen (z. B. Fachkenntnisse, Branchen-Insights).

6. Es gilt stets auf die eigenen **Stärken zu vertrauen** und sich nicht entmutigen zu lassen, wenn die ersten Bewerbungen im Sande verlaufen – eine Absage ist immer eine Chance, etwas zu lernen oder zu verbessern, um beim nächsten Versuch zu überzeugen. Ein kleiner Tipp: Nicht die allererste Bewerbung an den absoluten Wunscharbeitgeber verschicken, sondern zuerst die Nr. 2 und 3 oder 4 und 5 auf Ihrer Wunschliste kontaktieren. Wenn diese Arbeitgeber überzeugt werden können, so stehen die Chancen für Nr. 1 nicht schlecht.

7. **Networking**, Vitamin B, Kontakte: Je mehr berufliche Verbindungen man hat, je mehr man über den Ziel-Job und seine Branche weiß, desto besser. Berufliche Kontakte können bedeutsame Türöffner für den erfolgreichen Quereinstieg sein.

Literaturempfehlungen

1. Hesse J, Schrader C (2012) Das große Hesse/Schrader-Bewerbungshandbuch. Stark Verlag, Hallbergmoos
2. Hesse J, Schrader C (2011) Training Lebenslauf: Lücken füllen, Probleme lösen, Stärken betonen. Stark Verlag, Hallbergmoos
3. Hesse J, Schrader C (2010) Was steckt wirklich in mir? Die Potenzialanalyse. Stark Verlag, Hallbergmoos
4. Hofert S (2012) Die Guerilla-Bewerbung: Ungewöhnliche Strategien erfolgreicher Jobsucher. Campus, Frankfurt
5. Hofert S (2013) Erfolgreich in der Jobwelt der Zukunft. Kexpa, Hamburg
6. Beise M, Jakobs H-J (2012) Die Zukunft der Arbeit. Süddeutscher Verlag, München
7. Gratton L, Heinemann E (2012) Job future – future jobs: Wie wir von der neuen Arbeitswelt profitieren. Carl Hanser Verlag, München

S. Rippler, B. Woischwill, *Erfolgreich als Quereinsteiger,*
DOI 10.1007/978-3-658-00869-7, © Springer Fachmedien Wiesbaden 2014

GPSR Compliance

The European Union's (EU) General Product Safety Regulation (GPSR) is a set of rules that requires consumer products to be safe and our obligations to ensure this.

If you have any concerns about our products, you can contact us on ProductSafety@springernature.com

In case Publisher is established outside the EU, the EU authorized representative is:

Springer Nature Customer Service Center GmbH
Europaplatz 3
69115 Heidelberg, Germany

The manufacturer's authorised representative in the EU is Springer
Nature Customer Service Centre GmbH, Europaplatz 3, 69115 Heidelberg,
Germany. If you have any concerns regarding our products, please
contact ProductSafety@springernature.com

Printed and bound by CPI Group (UK) Ltd, Croydon, CR0 4YY

27/04/2026
02097641-0002